我国农产品生产与流通协调机制研究

Research on Coordination Mechanism for Agricultural Product Production and Circulation in China

杨 果 著

人 民 出 版 社

责任编辑:吴炤东
封面设计:毛 淳 王欢欢

图书在版编目(CIP)数据

我国农产品生产与流通协调机制研究/杨果 著. —北京:人民出版社,2023.2
(国家社科基金后期资助项目)
ISBN 978-7-01-024970-4

Ⅰ.①我… Ⅱ.①杨… Ⅲ.①农产品流通-研究-中国 Ⅳ.①F724.72

中国版本图书馆 CIP 数据核字(2022)第 141979 号

我国农产品生产与流通协调机制研究

WOGUO NONGCHANPIN SHENGCHAN YU LIUTONG XIETIAO JIZHI YANJIU

杨 果 著

人民出版社 出版发行
(100706 北京市东城区隆福寺街 99 号)

中煤(北京)印务有限公司印刷 新华书店经销

2023 年 2 月第 1 版 2023 年 2 月北京第 1 次印刷
开本:710 毫米×1000 毫米 1/16 印张:11
字数:200 千字

ISBN 978-7-01-024970-4 定价:50.00 元

邮购地址 100706 北京市东城区隆福寺街 99 号
人民东方图书销售中心 电话 (010)65250042 65289539

国家社科基金后期资助项目
出版说明

后期资助项目是国家社科基金设立的一类重要项目，旨在鼓励广大社科研究者潜心治学，支持基础研究多出优秀成果。它是经过严格评审，从接近完成的科研成果中遴选立项的。为扩大后期资助项目的影响，更好地推动学术发展，促进成果转化，全国哲学社会科学工作办公室按照"统一设计、统一标识、统一版式、形成系列"的总体要求，组织出版国家社科基金后期资助项目成果。

全国哲学社会科学工作办公室

目　　录

绪　论

第一节　研究背景及意义

一、研究背景

农业是国民经济的基础,农产品生产与流通是农业发展的关键环节和重要抓手。农产品生产与流通一头连着农户的"田坎"、一头连着群众的"饭碗",做好农产品生产与流通工作对于国家生存发展具有重大战略意义。党和政府高度重视农产品生产与流通工作。2004 年中央"一号文件"首次提出,要发挥市场机制作用,搞活农产品流通,完善我国优势农产品出口政策。在此之后,我国每年中央"一号文件"均对农产品生产和流通作出部署。党的十九大报告明确提出,确保国家粮食安全,把中国人的饭碗牢牢端在自己手中;构建现代农业产业体系、生产体系、经营体系,完善农业支持保护制度,发展多种形式适度规模经营,培育新型农业经营主体,健全农业社会化服务体系,实现小农户和现代农业发展有机衔接。2022 年中央"一号文件"提出统筹做好重要农产品调控,建立健全农产品全产业链预警体系,推动统一的农产品供需信息发布制度,分类分品种加强调控和应急保障措施。近年来,在国家政策背景的大力扶持下,我国农产品生产与流通取得了跨越式的发展,在农业可持续发展和生态农业领域扮演着十分重要的角色,但与新发展阶段要求相比,仍存在着农产品产地环境污染严重、农业生产组织化程度不高、农民文化水平偏低、安全生产技术普及难、农产品监管制度不到位等一系列问题。这些问题的背后,均与农业产业链条各环节衔接不畅、生产与流通不协调息息相关。农产品生产与流通不协调现象仍然比较突出,严重制约着我国农民持续增收、农业高质量发展和乡村振兴战略目标的实现。因此,如何妥善解决上述问题,促进我国农产品生产与流通协调发展,是我国实现农业农村现代化的必然要求,同时也是促进农业农村经济良性发展的重要前提。

二、研究意义

基于上述研究背景,本书认为系统探究我国农产品生产与流通协调机制,对促进我国农产品生产与流通协调、有效推动农业高质量发展、全面推进乡村振兴,具有重要的理论和现实意义。

从理论意义来看,受计划经济体制的影响,经济思想和实践更多"重生产、轻流通"。20 世纪 90 年代后,商品流通的思想才开始被主流经济学界所接受。在高度重视农产品生产而忽略流通的农业思想影响下,农产品流通不畅、产业链分配不均等问题严重制约着农业发展。本书基于农产品生产、流通等基础理论,着眼农产品生产与流通协调发展的现实需求,深入分析我国农产品生产与流通现状,构建农产品生产与流通协调运行机制,并提出相关的政策建议。本书有利于推进"十四五"期间我国农产品生产与流通的协调发展,保障农产品在城乡间有序流通,相关探索与实践能够为城乡融合发展下农产品生产与流通协调发展体系的构建提供理论支撑。同时,有利于促进我国农产品生产与流通领域不协调因素的消解,推进适应时代发展的新型农产品生产模式和流通模式构建,打造农产品"生产—流通—消费"全链条循环模式,为农产品产业链理论以及循环经济理论提供了丰富素材。

从现实意义来看,农产品生产与流通协调是我国农业现代化发展的核心议题,同时也是实现农民增收、保障粮食安全、推动农业生产模式转变、优化内循环的重要基础。一是农产品生产与流通协调是实现农民增收的重要基础。由于农产品生产与流通信息不畅,农民难以获取有效市场信息,加之农产品价格波动影响大,导致农户家庭经营收入不稳定。推动农产品生产与流通协调有助于推进农业信息畅通,推动农户经营与市场有效衔接,进而促进农民收入增长。二是农产品生产与流通协调是保障粮食安全的重要基础。粮食安全关乎国家安全。推动农产品生产与流通协调能够保障粮食对市场的稳定供应,并提升粮食生产经济收益,为粮食稳产增产提供动力。此外,推进农产品生产与流通全环节质量控制有助于保障粮食质量,为国民经济发展提供充足的高质量粮食支持。三是农产品生产与流通协调是推动农业生产模式转变的重要基础。我国农业生产结构不完善、农业供给与需求不匹配,已成为制约农业发展的重要因素。推进农产品生产与流通协调,借助大数据、区块链等现代前沿技术打破农产品生产与流通阻隔,有助于推进农业供给侧结构性改革,有助于推动构建适应消费需求变化的现代农业生产体系。四是农产品生产与流通协调是优化内循环的重要基础。以国内大循环为主体，持续扩大内需，推动有效投资，维护、健全国内产业链与供应链是我国经济社会稳定发展的重要战略。农业的基础地位决定了农业在国内经济内循环中的重要地位。推动农产品生产与流通协调，有助于完善农产品产业链与供应链，打通农产品生产—流通—消费国内循环，从而助力畅通国内大循环。

本书结合我国农产品生产与流通领域中的现实需要，在借鉴相关理论的基础上，深入探讨推动农产品生产与流通的利益平衡机制、价格诱导机制、全环节质量控制机制和全流程风险分摊机制四种机制及其运行，从而构建完善的农产品生产与流通协调发展模式，进一步提出相应配套政策，对于协调农产品生产与流通环节畅通、提高农民收入、保障粮食安全、发展集约型农业生产模式、优化农业内循环具有重要的现实意义。

第二节　研究现状及述评

一、国外研究现状

（一）有关农产品流通内涵的研究

1901 年，美国学者约翰·格鲁威尔（John Crowe）在《农产品流通产业委员会报告》中首次提出有关农产品流通的问题，报告分析了影响农产品流通过程中流通费用的因素。随后，学者们纷纷开始关注农产品流通领域相关问题。比涅巴特（Bignebat，2009）立足农户和中间商两个主体，研究了农户参与农产品生产和流通的行为决策，结果表明，农户由于受到中间商的影响，只能够接触到交易中的一级中间商，并未关注最终购买者，造成了农户需被动改进农产品质量的状况。① 海林等（Hellin et al.，2009）调研了美国中部和墨西哥农民合作社参与农产品流通的意愿，研究结果显示合作制能够提高农户的经济收益，但由于合作社缺乏商业技能，导致最终产生的作用有限。②

（二）有关农产品营销渠道和供应链管理的研究

作为农产品营销渠道研究的先驱者，韦尔德（Weld，1916）首次提出提

① Bignebat C.，Koc A.A.，Lemeilleur S.，"Linking Small Producers to Supermarkets? The Role of Intermediaries on the Fresh Fruit and Vegetable Market in Turkey"，*Canterbury*：*European Association of Agricultural Economists*，2009.

② Hellin J.，Lundy M.，Meijer M.，"Farmer Organization，Collective Action and Market Access in Meso-America"，*Food Policy*，No.1，2009.

升农产品流通中间商专业化能够促使农产品营销渠道效率和效益提升。①随后，布雷耶(Breyer,1924)结合心理学和社会心理学知识，创造性使用系统导向方法定量分析整体营销渠道管理。② 奥尔德森(Alderson,1957)研究发现，渠道设计和演变受制于经济效率标准。③ 直到20世纪60年代，国外学术界逐渐将研究领域转移至农产品营销渠道成员行为与关系研究之中。斯特恩(Stern,1969)较早关注该领域，其研究结果表明在农产品生产分工和专业化影响下，渠道成员之间逐渐形成了相互依赖合作的局面，该局面的维持关键在于承诺的兑现。④ 海德(Heide,1992)对农产品渠道冲突和渠道维持问题进行了系统研究，他认为妥善经营渠道成员联盟关系对渠道关系的维持至关重要，且联盟关系投资的专门化有助于渠道绩效增长。⑤ 罗斯和肖汉姆(Rose and Shoham,2004)则进一步把渠道冲突细分为情感和任务冲突，渠道整体绩效的发挥则会受制于这两类冲突。⑥ 此外，部分国外学者还关注了农产品营销渠道一体化。

到了20世纪90年代末，国外学术界逐步聚焦农产品供应链管理和物流管理领域。欧登等(Ouden et al.,1996)首次对"农产品供应链"的概念进行了界定，提出它是提升农产品流通系统绩效的最有效模式。⑦ 里尔登和伯德格(Reardon and Berdegue,2002)及盖赞(Ghezan,2002) 通过对阿根廷超市和生鲜供应链进行比较分析，发现生鲜超市的崛起对批发市场和小农户具有强烈的冲击，并逐渐奠定生鲜农产品流通主渠道的地位。⑧ 肯尼斯和简(Kenneth and Jan,2004)认为在市场条件不确定的情况下，供应链上下

---

① Weld Louis D.H., *The Marketing of Farm Products*, New York: The Macmi Han Company, 1916.

② Breyer Ralpph F., *The Marketing Institution*, New York: Mc Graw-Hill, 1924.

③ Alderson Wroe, *Marketing Behavior and Executive Aciton*, Homewood, 1957.

④ Stern Louis W., *Distribution Channels: Behavioral Dimensions*, Boston: Houghton Mifflin Company, 1969.

⑤ Heide Jan, John George, "Do Norms Matter in Marketing Relationships?", *Journal of Marketing*, No.2, 1992.

⑥ Rose G.M., Shoham A., "Inter-organizational Task and Emotional Conflict with International Channels of Distribution", *Journal of Business Research*, No.9, 2004.

⑦ Ouden M., Dijkhuizen A.A., et al., "Vertical Cooperation in Agricultural Production-Marketing Chains, with Special Reference to Product Differentiation in Pork", *Agribusiness*, No.3, 1996.

⑧ Reardon T., Berdegue J.A., "The Rapid Rise of Supermarkets in Latin America: Challenges and Opportunities for Development", *Development Policy Review*, No.4, 2002. Ghezan G., "Impact of Supermarkets and Fast-food Chains on Horticulture Supply Chains in Argentina", *Development Policy Review*, No.4, 2002.

游企业间的合作关系并不稳定。① 而简(Jane,2005)则提出了“商品链”的方法,认为农产品流通是农产品从生产者到消费者的转移环节。②

（三）有关农产品流通效率的研究

国外较早关注农产品流通效率,且主要从以下几个方面对其进行了系统研究。一是农产品流通效率测算的方法选择。法雷尔(Farrell,1957)从投入视角出发,界定了农产品流通技术效率并提出了相应的测度方法。③ 贝恩(Bain,1959)开创了 SCP 测算方法,即采用“市场结构—市场行为—市场绩效”方法来测算农产品流通效率。④ 二是农产品流通效率测算的指标选择。斯特恩(Stern,1977)认为效率、效果和公平性是农产品流通效率测算的三个重要维度,且获利力、生产力又是衡量流通技术效率的两大重要指标。⑤ 克拉克(Clark,1990)从宏观和微观双重维度来研究农产品流通效率,在宏观层面,流通质量和流通成本两个指标可以表征农产品流通效率;在微观层面(企业角度),通常用流通企业获取利润的能力来衡量流通效率。因为利润获取能力强则说明农产品流通效率高,反之则说明流通效率低。⑥ 库马尔(Kumar,1998)利用印度辖区内一个区域从事鹰嘴豆生产和销售的 60 个农民、55 个农产品中间商的微观调研数据,对鹰嘴豆流通效率进行了系统研究,认为导致鹰嘴豆流通效率低下的主因在于运输和储存设备落后、市场监管不严、流通商过剩等。⑦ 查哈尔等(Chahal et al.,2004)进一步对印度水产品生产进行研究,结果表明伴随水产品流通成本和价差的逐步抬升,水产品流通效率呈现逐渐下滑的态势。总体而言,国外学术界普遍认为农产品流通效率的测度指标主要包括流通规模、成本和获利能力等。⑧ 三是农产品流通效率的影响因素分析。斯坦利等(Stanley et al.,1998)认为通过整合农产品供应链,可以有效提高农产品流通效率,保证农

① Kenneth H. Wathae, Jan B. Heide, “Relationship Governance in a Supply Chain Network”, *Journal of Marketing*, No.1, 2004.

② Jane L. Collins, “New Directions in Commodity Chain Analysis of Global Development Processes”, *Research in Rural Sociology and Development*, No.11, 2005.

③ Farrell M. J., “The Measurement of Economic Efficiency”, *Journal of the Royal Statistical Society*, No.3, 1957.

④ Bain J.S., *Industrial Organization*, New York: John Wiley & Sons, 1959.

⑤ Stern L.W., EI-Ansary A.I., *Marketing Channels*, New Jersey: Prentice-Hall, 1977.

⑥ Clark F.E., “Critetia of Marketing Efficiency”, *The American Economic Review*, No.2, 1921.

⑦ Kumar R., Hussian N., “Marketing Efficiency and Price Spread in Marketing of Gram(Chickenpea): A Study of Hamirpur District”, *India Jouranl of Agricultural Economics*, No.3, 1998.

⑧ Chahal S.S., Singh S., Sandhu J.S., “Price Spreads and Marketing Efficiency of Inland Fish in Punjab: A Temporal Analysis”, *India Journal of Agricultutal Economic*, No.3, 2004.

产品生产的上下游建立稳定的合作关系。① 费恩和休斯（Fearne and Hughes，1999）认为影响农产品流通效率的重要因素是农产品流通渠道。②阿里·佩卡哈梅里和约翰内斯·帕尔松（Ari-Pekka Hameri and Johannes Palsson，2003）认同费恩和休斯（1999）的观点，且通过进一步研究发现农产品流通渠道对农产品流通效率具有负向影响。③ 哈吉哈尼和蒂勒纽斯（Hadjikhani and Thilenius，2005）指出完善农产品流通渠道，有助于降低农产品流通管理成本，提升农产品流通效率。④

二、国内研究现状

（一）有关农产品消费需求研究

随着我国经济社会的不断发展，人民收入水平逐年提升，老百姓的消费习惯和消费观念也随之发生变化。20 世纪 90 年代以来，我国城乡居民食物消费逐渐由温饱型向营养型过渡，并向多元化食物消费结构转变，粮食消费明显减少，对肉蛋奶、水产品和瓜果等非粮食类食物的消费显著提升（徐振宇等，2016）。⑤ 2010 年，我国进入中等收入阶段后，城乡居民消费结构由同一倾向消费转向个性化消费，由忽视资源环境代价的消费转向生态、绿色、安全的消费，服务类消费增多，更加重视精神消费（吕宁，2017）。⑥ 随着消费需求与消费结构升级，对我国粮食安全和主要农产品供需平衡提出了新挑战，需要构建与消费结构升级相匹配的现代农业产业体系、生产体系、经营体系，进一步优化重要农产品品种结构与生产力布局，提高重要农产品生产、加工、流通与贸易效率（张雯丽等，2016）。⑦

（二）有关农产品产业化研究

农产品产业化发展是我国农业现代化的重点，也是农产品生产的关键

① Stanley E.，Fawcett，M. Bixby Cooper，“Logistics Performance Measurement and Customer Success”，*Industrial Marketing Management*，No.4，1998.

② Fearne A.P.，Hughes D.，“Success Factors in the Fresh Produce Supply Chain：Insights from the UK”，*Supply Chain Management*，No.3，1999.

③ Ari-Pekka Hameri，Johannes Palsson，“Supply Chain Management in the Fishing Industry：The Case of Iceland”，*International Journal of Logistics Research and Applications*，No. 3，2003.

④ Hadjikhani A.，Thilenius P.，“The Impact of Horizontal and Vertical Connections on Relationships’ Commitment and Trust”，*The Journal of Business and Industrial Marketing*，No.3，2005.

⑤ 徐振宇、梁佳、李冰倩：《我国城乡居民食用农产品消费需求弹性比较——基于 2003—2012 年省级面板数据》，《商业经济与管理》2016 年第 5 期。

⑥ 吕宁：《我国农产品消费的现状与趋势分析》，《商业经济》2017 年第 12 期。

⑦ 张雯丽、沈贵银、曹慧、徐雪高、王慧敏：《“十三五”时期我国重要农产品消费趋势、影响与对策》，《农业经济问题》2016 年第 3 期。

驱动力。学者们对农业产业化模式以及推进农业产业化发展策略进行了深入研究。

农业产业化模式研究方面，学者们将我国农业产业化模式整体分为“公司+农户”模式以及“合作社+农户”模式，其余诸多模式多是在以上两种模式基础上予以深化和拓展，还有部分模式将两者进行结合。在“公司+农户”模式方面，邓宏图等(2018)分析了农业产业化中“龙头企业+农户”模式经营主体间的内部风险偏好和外部市场机会，发现两者的不同会对双方的议价能力产生重要影响，并进一步就农业产业化中的“位势租”进行了深入分析。① 就“农户+合作社”模式方面，张滢(2015)认为家庭农场和农民合作社是实现农业现代化的新型经营主体，有着规模和技术方面的诸多优势，在此基础上其进一步推动“家庭农场+合作社”模式构建。②

推动农业产业化发展策略方面，学者们从产业结构调整、现代大数据技术支持、违约行为规避等多个方面进行了探讨。陈祥碧和刘晓鹰(2015)认为必须立足于“三位一体”的发展战略，通过产业结构调整、产品市场培育、产业发展支撑体系构建等途径推动农业产业化发展。③ 焦红和蒋炳宇(2015)则认为要利用农业大数据实现智能化、区域协调作业以及特色化路线三大战略实现农业产业化发展。④ 杨浩雄等(2019)关注订单农业中农产品价格波动与农业合作违约问题，认为有效调节农产品的转化率、设置较高违约惩罚系数有利于提高订单农业履约率。⑤

(三) 有关农产品流通研究

农产品流通是保证市场供给与市场需求有效对接的重要载体，是保证生产者和消费者之间有机连接的桥梁。国内学者就农产品流通的重要意义、农产品流通存在的问题、农产品流通渠道建设及优化等问题进行了深入分析。

从农产品流通的重要意义来看，学者们就农产品流通对生产的重要意义及农民收入、国民经济发展等方面的重要作用进行了分析。农产品现代

① 邓宏图、李康、柳昕：《农业产业化中的“位势租”：形成机制与利润分配》，《经济学动态》2018 年第 10 期。

② 张滢：《“家庭农场+合作社”的农业产业化经营新模式：制度特性、生发机制和效益分析》，《农村经济》2015 年第 6 期。

③ 陈祥碧、刘晓鹰：《长江上游少数民族地区农业产业化发展问题研究——以重庆石柱土家族自治县生态畜牧业为例》，《贵州民族研究》2015 年第 10 期。

④ 焦红、蒋炳宇：《乡村人口转移与农业产业化发展》，《学术交流》2015 年第 11 期。

⑤ 杨浩雄、张丁、王浩：《订单农业合作中的利益共享研究——基于农产品价格波动与违约风险的分析》，《价格理论与实践》2019 年第 10 期。

化流通是提高我国农产品生产效率、增加农民与流通企业收入、降低居民生活成本的关键性内容（王岳含，2016）。① 农产品流通是社会商品流通的重要构成部分，有利于促进国民经济发展和确保社会稳定（刘书艳，2016）。②

从农产品流通存在的问题来看，学者们就农产品流通效率、体系化建设、产业结构等多个角度进行了探讨。郑琛誉等（2018）认为我国农产品流通效率低下，流通主体合作深度不够，批发市场功能不完善。③ 孙伟仁等（2018）则认为我国农产品流通产业的发展尚不能适应农业供给侧结构性改革的要求，面临市场信息传导机制不畅、流通模式单一、产业链组织化程度低、基础设施建设滞后以及流通环节食品安全监控不到位等困境。④

从农产品流通渠道建设和优化方面来看，学者们大多认为应当结合现代信息技术推动农产品流通渠道优化。王微微（2018）认为基于网络进行农产品营销模式和营销策略的创新，是全球化背景下解决农产品流通难题的重要手段。⑤ 赵大伟等（2019）认为通过在农产品流通领域推动大数据和互联网技术广泛运用，能够推动流通产业跨界融合。⑥ 马晨和王东阳（2019）认为我国农产品流通陷入了发展瓶颈，为此应当通过使用发展迅速的大数据技术以实现农产品流通领域的精准化服务，以构建高价值的农产品流通渠道。⑦

（四）有关农产品流通效率研究

农产品流通效率的提高，对于增加农民收入、提高消费者福利、合理分配农业产业链相关主体利益具有巨大的推动作用。与国外学者相比，国内学术界对农产品生产与流通效率评价及提升的研究还处于起步阶段（王娜、张磊，2016）。⑧ 从我国农产品流通发展现状来看，仍然存在着市场主体

---

① 王岳含：《我国农产品现代化流通模式构建》，《商业经济研究》2016 年第 17 期。

② 刘书艳：《农产品流通中存在问题及优化策略研究——基于新型城镇化建设背景》，《经济问题》2016 年第 5 期。

③ 郑琛誉、李先国、张新圣：《我国农产品现代流通体系构建存在的问题及对策》，《经济纵横》2018 年第 4 期。

④ 孙伟仁、张平、赵德海：《农产品流通产业供给侧结构性改革困境及对策》，《经济纵横》2018 年第 6 期。

⑤ 王微微：《特色农产品互联网营销模式研究——以四川省为例》，《农村经济》2018 年第 10 期。

⑥ 赵大伟、景爱萍、陈建梅：《中国农产品流通渠道变革动力机制与政策导向》，《农业经济问题》2019 年第 1 期。

⑦ 马晨、王东阳：《新零售时代电子商务推动农产品流通体系转型升级的机理研究及实施路径》，《科技管理研究》2019 年第 1 期。

⑧ 王娜、张磊：《农产品流通效率的评价与提升对策研究——基于流通产业链视角的一个分析框架》，《农村经济》2016 年第 4 期。

发育程度低、物流体系基础设施弱、信息化建设水平低下等制约农产品流通效率提高的因素(乔平平,2016)。[①] 柯柄生(2003)提出要提高农产品流通效率,必须要在市场设施、服务、政策和组织方面加以改进。[②] 罗必良(2003)则从农产品流通组织角度分析得出,农产品自身的特征与高效率流通组织的形式密切相关。[③] 在农产品流通效率测量的实证分析中,李专和于爱淼(2016)基于随机前沿分析方法对我国农产品流通业技术效率进行了估计,结果表明全国农产品流通业的技术效率随着时间推移呈现逐渐提高的特征。[④] 张永强等(2017)则基于因子分析方法实证测度了我国农产品流通效率,构建了流通速度、流通规模、流通成本和流通效益四个层面的农产品流通效率评价指标体系。[⑤] 茹永梅(2017)通过分析差异化的流通模式,利用 DEA 模型测算了不同流通模式下我国农产品流通效率,并认为以零售终端为核心的流通模式是当前我国农产品流通效率最高的流通模式。[⑥] 何小洲和刘丹(2018)认为电子商务应该成为农产品流通效率测量的新指标,并运用 DEA-Malmquist 指数对我国 31 个省、自治区、直辖市的面板数据进行了分析,认为我国西部地区全要素生产率最高,东部次之,中部最差。[⑦]

(五)有关农产品流通体制研究

农业是国民经济的基础产业,而农产品流通作为影响农业发展的关键因素,其对农民收入水平的提高和农产品价值的实现至关重要。随着农产品生产过剩,其流通体制的滞后性已严重制约着我国农业的发展(郑伟,2017)。[⑧] 自我国实施改革开放政策以来,关于农业市场化和农产品流通的研究就一直成为国内外学者研究的热点话题之一。姚今观(1996)认为要实现农产品的流通,就必须要建立以批发市场为主体、以直销形式为补充的

① 乔平平:《我国农产品流通效率的制约因素及提升途径》,《商业经济研究》2016 年第 16 期。

② 柯柄生:《健全农产品市场体系,提高农产品流通效率》,《农村合作经济经营管理》2003 年第 2 期。

③ 罗必良:《中国农产品流通体制改革的目标模式》,《经济理论与经济管理》2003 年第 4 期。

④ 李专、于爱淼:《中国农产品流通效率的实证分析》,《农业经济》2016 年第 8 期。

⑤ 张永强、张晓飞、刘慧宇:《我国农产品流通效率的测度指标及实证分析》,《农村经济》2017 年第 4 期。

⑥ 茹永梅:《差异化流通模式的农产品流通效率对比分析》,《商业经济研究》2017 年第 2 期。

⑦ 何小洲、刘丹:《电子商务视角下的农产品流通效率》,《西北农林科技大学学报(社会科学版)》2018 年第 1 期。

⑧ 郑伟:《农产品流通体制研究》,《经济研究导刊》2017 年第 4 期。

农产品流通体系,这也是农产品流通体制改革的方向。① 温思美和杨顺江(2000)认为农产品流通体制改革的目标在于建立以企业化批发市场为中心的市场组织体系。② 李大胜等(2002)认为只有发挥市场在资源配置中的积极作用,才能够建立起更加符合社会发展需要的农产品流通体制,从而建立起完善的农产品市场体系,进而推进国内市场与国际市场有序接轨。③ 马龙龙(2010)认为要解决好"三农"问题,必须要从农产品流通入手,才能够有效解决农业、农村和农民问题。④ 曾欣龙等(2011)将新中国成立以来农产品流通体制发展划分为四个阶段,即自由购销阶段、统购统销阶段、放开搞活阶段和深化改革阶段。⑤

三、文献述评

综上所述,目前国内外研究主要集中在农产品的生产成本、效益、技术及效率,以及农产品流通内涵、流通效率、影响因素、体制机制等方面。以上研究对本书具有重要的参考价值和借鉴作用。但仍存在以下值得改进的地方:一是缺乏从整体角度对农产品生产与流通的深入研究。现有文献往往孤立看待农产品生产和流通,且更侧重农产品流通研究。事实上,农产品生产与流通是紧密连贯的环节,如果将二者割裂开来研究,可能导致其研究结果存在一定偏差。因而有必要将二者放入统一的研究框架内,以使二者的关系更为协调,推动农业高质量发展。二是既有研究主要聚焦于农产品生产与流通的理论分析,而缺乏对农产品生产与流通协调发展进行具体的机制设计和模式选择。这也为本书提供了重要的研究契机。三是现有文献鲜有从协调这一角度研究农产品生产与流通。随着我国农业发展进入新阶段,农产品质量安全、农业碳排放较高、部分农产品生产过剩等问题亟待解决。针对这些问题,必须从产业全链条协同的角度入手,实现农产品生产与流通协调,从而保障农产品稳定供应,以发挥农业基础作用,进一步为农民增收、粮食安全、农业生产模式转变、优化内循环提供重要支撑。

基于此,本书尝试将农产品生产与流通纳入统一研究框架,从协调视角

---

① 姚今观:《农产品流通体制与价格制度改革的新构想》,《财贸经济》1996 年第 5 期。

② 温思美、杨顺江:《论农业产业化进程中的农产品流通体制改革》,《农业经济问题》2000 年第 10 期。

③ 李大胜、王广深、张光辉:《广东农产品流通的改革与发展》,《农业经济问题》2002 年第 3 期。

④ 马龙龙:《以流通为突破口破解"三农"问题》,《中国合作经济》2010 年第 5 期。

⑤ 曾欣龙、圣海忠、姜云、朱述斌:《中国农产品流通体制改革六十年回顾与展望》,《江西农业大学学报(社会科学版)》2011 年第 3 期。

出发,系统构建我国农产品生产与流通研究的理论分析框架,继而考察我国农产品生产与流通的现状、问题及其成因,在此基础上,设计农产品生产与农产品流通协调发展的机制,并合理选择我国农产品生产与流通协调发展模式,最后提出我国农产品生产与流通协调发展的政策建议,以期得到一些新的研究结论,为相关政府部门制定农产品生产与流通政策和学术界同仁展开此类研究提供参考。

第三节　研究目标及内容

一、研究目标

本书运用科学的理论和方法,系统探究我国农产品生产与流通之间的理论关系、发展现状、存在的问题及成因、机制设计、模式选择和政策建议,以期为促进我国农产品生产与流通协调发展、推动农业高质量发展提供理论和实践依据。

（一）理论目标

一是科学界定农产品、农产品生产、农产品流通等核心概念。二是将流通理论、农产品流通理论、农业生产理论、市场细分理论、供应链理论、机制设计理论等基础理论嵌入理论分析框架,以期在理论层面拓展我国农产品生产与流通协调机制研究的理论体系。三是深入分析农产品生产特性、流通特性以及农产品生产与流通协调的作用机理,从理论上剖析农产品生产与流通关系原理并运用博弈分析方法研究我国农产品生产与流通相关利益主体诉求,为我国农产品生产与流通协调关系研究提供重要的理论支撑。

（二）应用目标

一是积极落实中央"一号文件"对我国农产品生产和流通的重要部署。二是为促进我国农产品生产和流通协调发展,稳步推进农业高质量发展,全面推进乡村振兴提供决策参考。三是书中形成的系统性分析框架、研究方法和调研数据,为学术同仁开展农产品生产与流通相关研究夯实基础。

二、研究内容

本书选取的研究对象为我国农产品生产与流通关系,旨在通过探究农产品生产与流通的理论分析框架、深入剖析我国农产品生产与流通的现状、存在的主要问题及其成因、我国农产品生产与流通协调机制设计、模式选择和政策安排等,推动我国农产品生产与流通协调发展、促进农业高质量发展，助力乡村振兴战略实现。

第四节　研究思路及方法

一、技术路线

本书遵循“理论研究—实证研究—对策研究”的基本思路，基于乡村振兴战略、农业高质量发展的现实背景，系统构建农产品生产与流通关系研究的理论分析框架，结合宏微观数据考察我国农产品生产与流通的现状、问题及其原因，在此基础上，提出我国农产品生产与流通协调的机制设计、模式选择及政策安排，力图探求农产品生产与流通之间的关联性，从而探究二者协调发展实现路径。本书的技术路线如图 0-1 所示：

二、研究方法

本书主要采用规范与实证分析相结合、定性分析与定量分析相结合的研究方法，具体研究方法包括：一是采取质性分析方法、系统分析方法，研究农产品生产与流通的核心概念、理论分析框架；二是综合运用熵值法、SBM模型和耦合协调度模型，分析我国农产品生产与流通协调度；三是综合运用制度变迁理论、战略管理理论等分析方法，构建我国农产品生产与流通协调发展的政策框架。

第五节　研究特色及创新

一、研究特色

本书研究特色主要体现在：一是在研究方向上，与国内发展实际需求相契合，紧跟政策前沿，着眼于深入研究对国内经济社会发展有着重要影响的农产品生产与流通问题；二是在研究思路上，统筹考虑农产品生产情况与农产品流通情况，推进农产品生产与流通协调；三是在研究内容上，植根现实，把握前沿，研究内容与农产品生产与流通实践紧密结合，并推动学术研究与实践前沿相衔接，将大数据、区块链应用等前沿问题纳入研究体系。

二、研究创新

本书创新之处主要包括以下几个方面：

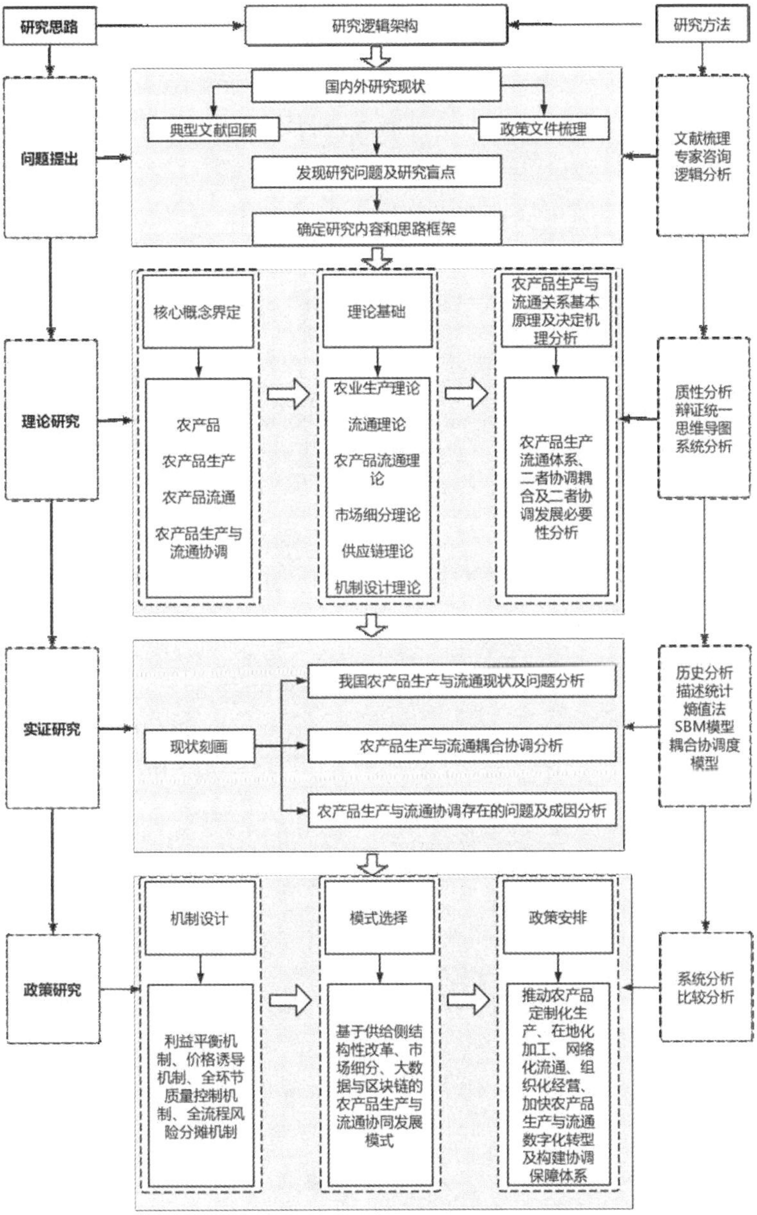
研究思路
研究逻辑架构
研究方法
问题提出
国内外研究现状
典型文献回顾
政策文件梳理
发现研究问题及研究盲点
确定研究内容和思路框架
文献梳理
专家咨询
逻辑分析
理论研究
核心概念界定
农产品
农产品生产
农产品流通
农产品生产与流通协调
理论基础
农业生产理论
流通理论
农产品流通理论
市场细分理论
供应链理论
机制设计理论
农产品生产与流通关系基本原理及决定机理分析
农产品生产流通体系、二者协调耦合及二者协调发展必要性分析
质性分析
辩证统一
思维导图
系统分析
实证研究
现状刻画
我国农产品生产与流通现状及问题分析
农产品生产与流通耦合协调分析
农产品生产与流通协调存在的问题及成因分析
历史分析
描述统计
熵值法
SBM模型
耦合协调度模型
政策研究
机制设计
利益平衡机制、价格诱导机制、全环节质量控制机制、全流程风险分摊机制
模式选择
基于供给侧结构性改革、市场细分、大数据与区块链的农产品生产与流通协同发展模式
政策安排
推动农产品定制化生产、在地化加工、网络化流通、组织化经营、加快农产品生产与流通数字化转型及构建协调保障体系
系统分析
比较分析

图 0-1 研究技术路线

一是研究视角的创新。现有研究侧重农产品生产和流通的单一研究，较少将农产品生产与流通纳入统一研究体系，更鲜有从协调这一角度进行探讨。本书尝试将农产品生产和流通纳入统一研究框架，从协调视角出发，系统构建我国农产品生产与流通研究的理论分析框架。

二是研究理论的延伸。本书在现有农产品生产与流通理论的基础上，进一步就农产品生产与流通协调等概念进行定义，拓展农产品生产与流通协调机制及其运行理论，丰富和补充了现有农产品生产与流通理论。

三是研究范式的拓展。本书构建了农产品生产与流通协调度评价体系，并构建了农产品生产情况综合评价指标体系以及农产品流通情况综合评价指标体系，为该领域量化研究奠定了基础，并为其他相关研究提供重要借鉴。

第一章　农产品生产与流通协调的理论分析框架

第一节　农产品生产与流通协调的核心概念界定

一、农　产　品

农产品通常是指农业中生产的物品。根据不同的范畴,其有狭义和广义之分,且国内外学术界的观点是不一致的。针对农产品的内涵,国外主要是按照其来源和物理形态两个方向来阐释的。譬如,美国农业部界定农产品内涵的依据就是农产品的耕作、放牧等来源和部分农产品的物理存在形态以及存储条件。加拿大则规定农产品涵盖动植物生产产品、饮料和食品等农业原料生产加工产品。日本综合了美国和加拿大的经验,主要依据农产品的物理属性和产业源头对农产品的概念进行界定,即是说,农产品涵盖初级、加工农产品及其基础上的原料和成分产品。我国学术界对农产品的概念界定也未形成统一观点。《大百科全书》认为农产品有狭义和广义之分,狭义的农产品仅指农作物以及畜牧产品,而广义的农产品泛指农林牧渔生产的初级产品。《中华人民共和国农产品质量安全法》认为植物、动物、微生物和其他产品等体现农业活动过程的所有产品都属于农产品。本书在借鉴前人研究成果的基础上,对农产品的概念进行如下界定:农产品是指基于人类生存需要而生产的且包括不可食用的农业产品。

二、农产品生产

农产品生产是农产品流通和农产品销售的基础,也是对农产品质量安全起到至关重要作用的关键环节。我国对农业生产设有严格的法律约束。《中华人民共和国农产品质量安全法》中明确提出,农产品生产要严把三个环节,这为保障农产品质量安全提供了法律依据。这三个环节包括:一是要按照相关规定使用农业投入品。农业生产者要按照国家相关标准,合理施用农药、化肥等生产资料,以保证农产品的生产质量和农产品的安全,对于国家明令禁止的有毒有害药品禁止施用,对于可能对农作物造成污染的生产投入品少量施用或不施用。二是要按照相关标准进行农产品生产记录。相关农业生产主体(农民、农场、农业企业等)要建立农产品使用记录,如实填写或记载农产品的农业投入相关情况以及相关防治情形。三是要对农产品的质量安全状况进行检测。农产品生产主体应当自行或者委托检测机构对其生产的农产品的质量安全状况进行检测,经检测不符合农产品质量安全标准的,不得进入农产品流通领域。

三、农产品流通

"流通"是指商品的运动过程。在广义上讲,流通是指一切生产要素或生产成果的流通,这种流通既包括有形的流通,也包括无形的流通。有形的流通涵盖商品的流动、水的流动、人的流动等,而无形的流通则包括服务的流通、资本的流通等。狭义的流通则主要指商品流通,是商品或产品从生产领域向消费领域的转移过程,既包括组织之间的商品流通,也包括组织内部的产品流通,其范畴不包括货币和资金的流通,仅仅指物流和信息流。① 狭义的商品流通过程是商流、物流、信息流和资金流的统一过程。罗必良(2003)对农产品流通的定义为,以增值为目的的农产品商品交换活动,是农产品在流通领域的运动过程,包括商流、物流、信息流和资金流等过程。② 本书将农产品流通定义为农产品从供应地到接受地的实体流动中,将农产品生产、收购、运输、储存、加工、包装、配送、分销、信息处理、市场反馈等功能有机结合、优化管理来满足用户需求,并实现农产品价值增值的过程。

四、农产品生产与流通协调

"协调"意思是搭配得适当,使配合得适当。就一个系统而言,协调就是系统中两个及以上要素和谐统一、有序发展的状态。达到协调的状态,必须将系统作为一个整体,整合所有要素的力量,通过调整不同要素之间的相互作用关系,实现总体作用规模大于子系统作用规模之和。本书认为农产品生产与流通协调,即通过对农产品生产与流通所涉及的人员、土地、资金、技术等各种要素进行有效配置,使其形成配合得当、协同一致的关系,通过发挥利益平衡机制、价格诱导机制、全环节质量控制机制和全流程风险分摊机制等机制作用,不断优化农产品生产与流通各主体、各环节关系,使得农产品生产与流通各主体间形成协同合作,农产品生产与流通各环节间形成有

---

① 夏春玉:《流通概论》,东北财经大学出版社 2013 年版。

② 罗必良:《中国农产品流通体制改革的目的模式》,《经济理论与经济管理》2003 年第 4 期。

序衔接,最终实现农产品生产过程与流通过程经济效益、社会效益、生态效益最大化目标。

第二节　农产品生产与流通的特性分析

一、农产品生产的基本特性

农产品生产具有生物性、季节性、地域性、分散性、风险性等基本特性,这些特性将对农产品生产质量安全特性和流通特性产生重要的影响,同时也是实现农产品生产与流通协调发展所需要考虑的重要因素。只有充分了解农产品特性,才能更好地选择农产品流通方式,从而实现农产品生产与流通的有效对接,实现农产品生产与流通的协调发展。

（一）农产品生产的生物性

经济再生产与自然再生产相交织是农业的根本特性,自然规律在农产品生产过程中发挥着重要作用。农业生产的过程,就是对动物、植物等生物进行作用的过程,农业生产本就是人类和自然共同作用于动植物繁育、生长。动植物的生长有其自身规律和特性,农产品生产需要对动植物的生物习性进行充分的了解,在此基础上,顺应动植物生长发育的自然规律,并科学地对其规律进行适度调整,以提高农产品产量、提升农产品质量。但需要注意的是,农产品具有固定的生长规律,不能人为地过度改变,农业科学技术也需要在顺应自然规律的基础上发挥作用。

此外,不同于现代市场中一般工业产品,农产品无论是作为直接消费品,抑或是作为生产原材料,其自身也都保留着较多的生物特性。农产品的生产受到人类作用和自然作用的双重影响,而自然作用的影响往往是决定性的。就农产品与一般产品的区别来看,农产品体积重量较大,且更容易变质。比如南瓜、榴莲等农产品,相对于其他商品而言其体积较为巨大,因此在其存储与运输的过程中需要较多的储藏空间,这无疑增加了其运输成本。此外,绝大多数农产品具有易变质性,由于农产品本身属于生物产品,在各种微生物与温度作用下会变质腐坏,这将极大地影响到农产品价值。

（二）农产品生产的季节性与周期性

由于受地理位置和气候节令的影响,农产品的生产尤其是种植业农产品生产具有较强的季节性。与种植业农产品具有的季节性相对应的是,养殖业农产品因受到动物自身生长发育规律的影响而具有周期性,家禽、家畜从育种到最后的出栏需要一定的时间。农产品生产要求因时制宜,为此农产品生产需要根据季节特征与农产品生长特性进行统筹考虑。通过对农产品生产季节性的掌握,可以在合适的时节进行农产品种植、养殖,从而提升农产品产量,并能够有效提高土地利用率和节省生产成本。

农产品生产的季节性和周期性是农产品生产的重要特性,但是现代科学技术的发展,对调节农产品生产的季节性和周期性产生了重要的影响。比如,利用温室大棚等现代农业技术培育反季节蔬菜影响了蔬菜的生产周期,有效保障了冬季蔬菜的供应;利用猪促生长剂补充生猪营养而缩短生猪养殖周期;等等。必须认识到虽然现代科学技术对调节农产品生产的季节性和周期性有着重要作用,但是总体而言农产品生产的季节性和周期性仍然存在。

(三)农产品生产的地域性

农产品生产对于土地、水、气候等自然资源的依赖性很强。因此,光照、热量、水分、土壤情况、地形地貌等自然因素对于农产品生产有着重要作用,这些要素在不同空间的分布及其时间上的变化会影响到不同地域间农产品的品种及其质量。为此,不同地域间农产品的品种、产量、品质具有地域特征。

我国国土空间辽阔,自然条件复杂。从温度热量来看,我国包含了热带、亚热带、暖温带、中温带、寒温带、青藏高原垂直温度带六个不同的温度带。从降水情况来看,我国降水由东南向西北逐渐减少,不同区域间降水量差距较大。如我国降水最多的“雨极”火烧寮,其年平均降水量达到了6558毫米,而年平均降水量最少的新疆维吾尔自治区托克逊,年平均降水量仅仅为7毫米。从地形来看,我国包含了高原、平原、山地、丘陵、盆地等多种不同地形。从土壤来看,我国土壤包含了红壤、棕壤、褐土、黑土、栗钙土、漠土、潮土(包括砂浆黑土)、灌淤土、水稻土、湿土(草甸、沼泽土)、盐碱土、岩性土和高山土等13个系列。

正是由于我国复杂的自然地理条件,使得我国农产品生产的地域性十分明显,不同地区适宜生产不同的农产品。有的地区适宜发展种植业,比如我国辽宁、黑龙江、吉林、内蒙古、河北、河南、湖南、湖北、山东、四川、江苏、江西、安徽13个粮食主产区;有的地区适宜发展畜牧业,比如我国的内蒙古、西藏;有的地区适宜发展渔业,比如浙江、广东、江苏、山东等地的沿海区域;有的地区适宜发展林业,比如东北部的大兴安岭、小兴安岭和长白山所构成的东北林区,以横断山区、喜马拉雅山南坡等地区为主的西南林区,以及秦岭和淮河以南、云贵高原以东的南方林区(东南林区)。

自然地理条件的不同对于农产品生产的地域性产生了重要影响,但是现代科学技术和交通的发展也在一定程度上对农产品生产的地域性产生着影响。比如，受到劳动力、土地价格上涨影响，东部地区棉花产量降低，而新疆等地则由于交通便捷性的提升其棉花产量的比重得到较快提升。

（四）农产品生产的分散性

农业生产活动主要是在土地上进行，而土地的位置是固定的，这就决定了农业生产只能在广阔的土地上分散进行。我国农产品生产规模小，规模化经营有所不足。根据第三次农业普查数据，我国小农户数量占到农业经营主体 98%以上，小农户从业人员占农业从业人员的 90%，小农户经营耕地面积占总耕地面积的 70%。普查数据显示，全国有 2.3 亿户农户，经营耕地 10 亩以下的农户有 2.1 亿户，户均经营规模 7.8 亩，人均一亩三分地。农产品生产分散将影响到农业机械等现代农业设备的使用，也难以通过规模化经营降低生产成本，整体上而言农产品的分散生产不利于提升农业生产效率。此外，由于生产分散，将进一步加大农业生产监管难度，难以有效保障农产品质量。

（五）农产品生产的风险性

与一般产品相比，农产品生产具有更大的风险性，面临着自然风险、社会风险、技术风险、市场风险等诸多风险。一是农产品生产依赖于自然环境，适宜的光、热、水等自然资源是农产品生产的重要基础，但是自然环境变化难以预测，各种自然灾害的发生会对农业生产产生巨大破坏，影响到农产品稳定供给和农户收入。根据《中国农村统计年鉴 2021》可知，2020 年中国农作物主要受到旱灾、洪涝灾害、风雹灾害、冷冻灾害、台风灾害等影响，受灾总面积为 199580 平方千米，其中黑龙江农作物受灾面积最大，达到了 31790 平方千米（见图 1-1）。二是农产品生产过程分散，农户在生产农产品时其行为难以得到有效监督，化肥、农药等各种化学制品使用情况难以得到精准掌握。在利益诱导下，农户机会主义行为明显。农业生产者为提高农产品产量，提升经济效益，在农产品生产过程中，常常需要使用肥料及农药、渔药、兽药等农业投入品，甚至过量使用化学制品，造成农产品中化肥及农兽渔药残留甚或超标。同时，为了降低成本，部分农户还会使用不合法化学制品，这些行为都会危害消费者身体健康。三是农产品是生物产品，具有易变质、不易储存的特性，因此在运输、存储过程中容易发生腐烂、霉变，同时农产品也容易受到病虫害的影响。根据全国农技中心病虫害测报处初步统计，2021 年农作物病虫草鼠害发生面积 60 亿亩次。四是我国农产品市场体系还不够健全，农产品生产、消费信息不对称现象依然较为严重，阶段

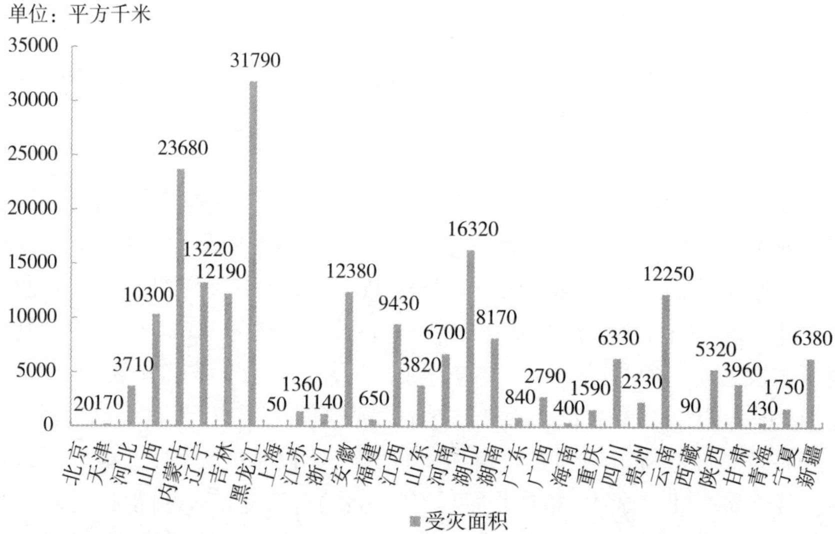

图 1-1　2020 年中国 31 个省、自治区、直辖市农作物受灾面积

资料来源：《中国农村统计年鉴 2021》，中国统计出版社 2021 年版。

性、品种性、区域性的农产品供求不平衡问题常有发生，由此带来的农产品价格上涨而引发某一品种的过度供给，并最终造成价格跳水，使得农民收益受损。

二、农产品生产质量安全特性

农产品生产是农产品供应的基础，更是农产品流通的前提。农产品生产环节的把控，对于保障农产品生产质量安全、加快农产品流通具有重要意义。农产品生产质量安全具有诸多特性，需要进行深入分析。

（一）农产品生产问题的隐蔽性

农产品生产周期较长，涉及程序较多。比如，水稻需要经历选种、插秧、育苗、收稻等程序。在农产品较为繁复的生产过程中，部分产品需要通过施加一定量的农药、化肥、兽药等化学制品以减少病害发生。然而，在实际生产中，部分农户与农产品生产企业出于经济效益的考虑，施加相关化学制品往往不符合相关规范，尤其是在分散生产的情况下，农产品生产过程的质量安全水平难以有效监督，农药超标事件常有发生。加之农产品质量安全检测体系不健全，检测过程中部分指标和参数的检测具有一定难度，在进行农产品采购时难以及时进行就地检测，使得农产品质量安全状况难以及时准确得到判断。

（二）农产品生产污染的叠加性

农产品生产过程中的污染问题存在不断叠加的特性。土地资源、水资源是农产品生产的重要资源，无论是种植业抑或是养殖业都离不开土壤和水，但是由于工业化发展及农业生产过程中大量使用农药、化肥、除草剂、甜味剂等化学药剂，造成了严重的土壤污染以及水污染。在这样的土壤和水环境下从事农业生产，势必会造成农产品污染。除了土壤、水等基础资源外，化肥、农药、兽药作为农产品生产的重要生产资料投入，对于农产品产量的提升有着促进作用，但化学制剂的不合理使用将加剧农产品生产过程的污染。现阶段，我国农药、兽药生产资料市场仍然较为混乱，诸多存在问题的农药、兽药依然活跃在民间农资市场。对于部分文化程度不高的农民而言，难以有效区分农药、兽药的成分及其效用，使用不合法的农业化学制品，将造成农产品的二次污染。此外，在农业生产过程中，农业生产者存在农业投入品使用不规范的问题，农业生产者对农业化学制品的过量使用也将进一步加剧农产品生产过程中的污染，并对农业用地及农业用水造成再次污染。

（三）农产品质量问题的传递性

农产品生产质量安全问题具有传递性。农产品作为初级产品，除作为食品被直接食用之外，还是其他产品的原材料。当农产品生产过程出现问题时，质量不达标的农产品作为食物被消费者食用，会直接影响到消费者的身体健康。当作为原材料的农产品在生产环节出现问题时，其将进一步影响到下阶段的加工。比如，受到污染的花生、大豆等产品在经过加工之后其残存的农药、化肥可能会持续存在，最终影响产品油的质量。此外，部分具有质量问题的农产品还会污染加工环境。比如，出现发霉等问题的农产品，在运输、存储、加工过程中会传播霉菌，影响其他在该环境体系中流通的农产品质量。

（四）农产品生产管理的复杂性

农产品生产依赖于自然环境，其产地较为开放，生产过程受自然条件影响较大，难以实现有效的人为控制。此外，农产品生产较为分散，使得生产流程难以统一，尤其是我国农业主体以小农户为主，难以实现规模化、组织化、机械化生产。另外，不同农产品生产主体间文化素质、科学素养、安全意识存在着较大差距，使得农业生产过程难以实现标准化，农产品质量参差不齐。各地方农业监管体系有所差别，不同部门间信息沟通存在一定程度的阻滞现象。因此，农产品生产质量管理具有复杂性。

三、农产品流通的基本特性

由于农产品生产具有诸多基本特性及质量安全特性，为此农产品流通也不同于一般产品流通。总的来说，农产品流通具有明显的季节性、一定的地域性、较大的分散性、复杂的技术性、较强的政府干预性、较大的风险性等特性。

（一）农产品流通具有明显的季节性

农产品流通的季节性或周期性是指农产品流通活动随着季节或者周期的变化出现明显的改变。农产品生产受自然条件的影响较为明显，农产品的收获一般也在特定的时期内进行，因此农产品生产具有季节性和周期性。农产品生产的季节性直接决定了农产品流通的季节性。农产品只有在特定时期收获之后才能进入流通领域，为此在农产品收获的旺季，其相应的农产品流通也会随之进入旺季。虽然农产品只有在特定时间才能收获，但是消费者对于农产品的消费具有常年性，尤其是粮食、水果、蔬菜等食品更是消费者日常生活必需品。为此，农产品必须进行有效的储备，以保障农产品能够在全年稳定供应市场，即在非收获季节也能够提供市场所需的农产品。

（二）农产品流通具有一定的地域性

农产品流通的地域性是指农产品流通具有地域限制，其主要在产地及附近地域进行流通。农产品生产依赖于地区自然环境，不同的自然地理条件产出不同的农产品，加之农产品保存周期较短，使得农产品往往会就近流通和消费，具有较强的地域性特点。另外，农产品的消费又具有普遍性和多样性的特点，消费者不仅仅对本地域农产品具有消费需求，对于其他地域农产品也同样具有消费需求，这与农产品生产的地域性特点是相悖的。以我国为例，我国每年都要从国外进口大量农产品以满足国内消费与生产需要，且农产品进口金额不断提高。据国家统计局数据，我国近十年来农产品进口不断增加，比如2009年我国进口食品及主要供食用的或动物进口额仅仅为148亿美元，而2020年便达到了908亿美元，十余年间增长了510%。虽然随着现代交通技术和冷藏技术的发展，农产品保鲜水平大大提升，但是在流通过程中农产品依然存在一定比例的损耗，且随着流通时间的增加和流通距离的扩大这种损耗也在不断提高，从而加大农产品流通成本。为此，农产品流通在一定程度上受到地域限制。

（三）农产品流通具有较大的分散性

受土地资源分布分散影响，农产品生产也具有分散性，尤其在我国以小农经营为主情况下，农产品生产分散性更为明显。农产品消费者分布也具有一定程度分散性，某一地域所产的农产品不仅仅需要满足本地域消费者需求，也同样需要供应其他地域消费者。农产品生产与消费的分散性决定了农产品流通具有较大的分散性，农产品需要从分散的生产地运输到分散的消费地，这进一步增加了农产品流通的成本。根据前瞻产业研究院数据，我国农产品流通成本一般占总成本的40%左右，其中鲜活产品及果蔬产品要占60%以上。对比来看，国外发达国家物流成本一般控制在10%左右，远远低于我国农产品流通成本。农产品流通的分散性，要求构建完善快捷、层次压缩的农产品物流网络体系，才能更好打通农产品生产与消费渠道，持续提升农产品流通效率。

（四）农产品流通具有复杂的技术性

农产品流通具有技术复杂性，流通过程中需要应用多种技术。农产品种类众多，部分农产品质量、体积较大，且具有易腐烂以及易受病虫害的特性，这就使得农产品流通必须采取一定的技术措施，使用特定的设备，如冷藏、冷冻、冷链运输等设备，并对流通环境进行一定的清洁，降低运输过程的虫害等问题，减少农产品在流通中的价值损耗。同时，农产品生产质量安全管理复杂，安全问题具有传递性，污染具有叠加性。为此，农产品流通领域必须进一步提升农产品质量安全保障技术，以有效阻断不安全问题的传递以及污染的传播。此外，随着现代科学技术的迅速发展，物联网、大数据、区块链、人工智能、第五代移动通信网络等新一代信息技术在农产品流通领域的应用，将进一步增加农产品流通领域的技术复杂性。

（五）农产品流通具有较强政府干预性

农产品流通较多地受到政府干预。农产品是人类生存的基本产品，农产品的稳定供应对于国民经济发展有着重要作用，尤其是粮食等农产品更是直接关系到国家安全。为了满足城乡居民基本生活需要，以及保障国家安全，政府往往对农产品生产与流通领域实施一定程度的干预，以保障农产品稳定供应，并通过各项措施提升农产品流通效率。此外，我国农业市场不健全，农产品产销信息不对称，农户在农产品供应中处于不利位置。为保障农户利益，政府有必要加强对农产品流通领域的干预，以更好支持农产品销售、提升农户收入。农产品流通体系的构建涉及诸多不同区域间的对接，牵涉农户、农业专业合作社、加工企业、农产品销售组织等多个主体，且整体投资数额较大，投资收益回报周期较长，这是一般组织难以承受和负担的项目。然而，农产品流通体系的构建对于农产品稳定供应有着重要意义，为此，政府的支持和干预是构建现代化农产品流通体系的重要保障。另外，农产品的质量安全问题难以完全靠市场机制保障，政府的干预及规制是有效提升农产品质量安全的重要途径。我国政府高度重视农产品流通领域发展，为切实保障农产品流通，政府多次下发文件指导农产品流通工作。比如，2011 年国务院办公厅出台《关于加强鲜活农产品流通体系建设的意见》，2020 年农业农村部印发《关于加快农产品仓储保鲜冷链设施建设的实施意见》，2021 年农业农村部办公厅、财政部办公厅印发《关于全面推进农产品产地冷藏保鲜设施建设的通知》等。

（六）农产品流通具有较大的风险性

农产品生产具有分散性和季节性等特性，且农产品生产面临着自然风险、社会风险、技术风险、市场风险等诸多风险，这使得农产品流通也具有风险性。一方面，农产品生产分散且消费分散，这使得农产品市场信息难以集中，加剧了农产品物流信息管控困难程度，农产品流通企业和个人难以全面掌握农产品物流信息，难以制定有效流通策略，增加了农产品流通成本。另一方面，农产品流通的技术性要求也加大了农产品流通的风险，当技术支撑不足时，农产品容易在流通过程出现价值损失；同样，农产品流通也受到农产品市场风险影响，当农产品市场价格波动加剧时，物流价格也会发生变化。过大的流通风险会使得农产品物流经营者的预期利润受到影响，使得物流经营者采取短期机会主义行为，从而干扰到农产品流通市场的有序运行。

第三节 农产品生产与流通的基础理论

一、农业生产理论

农业生产指养殖农畜产品或种植农作物的生产活动，具体包括肉牛、生猪、羊、鸡、鸭等畜禽动物的养殖，鱼、虾、莲等水产养殖捕捞，以及粮、棉花、麻、油等经济作物、绿肥作物、饲养作物和其他农作物的种植等。

20 世纪初，西方学者就开始了农业生产经济学的理论研究与探索。1916 年，德国农业经济学家特奥多尔·布林克曼（Theodore Brinkman）在其出版的著作《农业经营经济学》中，对农业集约化问题和农业经营制度做了系统的理论研究，提出在商品经济条件下，经营者必须使农业生产集约度达到最适当的程度，才能达到农业经营的目的，即获得最高的持久收益，为农业生产经济学的形成奠定了基础。1926 年，美国学者 J.D.布莱克（J.D. Blake）在其所著《农业生产经济学导论》中，第一次提出农业生产经济学的名词。1952 年，美国学者 E.O.黑迪（E.O.Heady）所著《农业生产经营学与资源利用》一书，对农业生产中的集约经营和资源利用进行了系统研究。

二、流 通 理 论

流通连接着生产端和消费端，是打通农产品供需对接渠道的关键。流通的经典理论相当重要，对农产品流通进行的相关学术探讨均以流通理论为基础。关于流通的定义主要包括以下两种：一是马克思在《资本论》中提出，所谓商品流通，指的是每个商品在流通中不仅会发生形式和价值上的改变，还会和其他商品的循环紧密地联系在一起，流通就是全部商品之间各种各样关系的汇总。[①] 马克思的定义基于社会生产整个流程的视角，以生产交换关系为重点，更多关注的是宏观经济和生产，但缺乏具体的微观研究对象。二是将流通定义为商品从生产的始端转移到消费的终端所流经的所有过程。在经典的流通理论中，它既是所有商品交易的总和，也包括所有的社会关系和经济关系。宋则和张宏（2003）提出，在商品经济和社会发展中，商品的流转和买卖的全部流程中会产生商流、物流、信息流和资金流，这些流的汇总就构成了流通。[②]

按照从低到高的顺序，我国流通理论经过了五种形式的演变，即无流通论、轻流通论、一般流通论、流通先导产业论和流通基础产业论。前三种流通理论都把流通当作生产活动中辅助性的甚至可有可无的环节，没有认识到流通的重要地位。流通先导产业论提出，商品流通不仅可以指导生产和带动消费，还可以促进其他关联产业的成长。流通基础产业论则提出，流通这个行业包括各种社会关系，属于基础性的产业，通过提高流通效率，促进流通产业及其他关联产业的成长，可以促进相关产业的成长进步，拉动社会经济发展和就业率的增长。

三、农产品流通理论

农产品流通包括收购、批发、加工、运输、仓储和零售等阶段，是成熟农产品从农民手上转移到消费者餐桌上的整个流程。农产品流通各个阶段之间紧密相连，当所有阶段正常运行时，才能保证农产品整个流程畅通。与其他一般商品流通相比，农产品流通的特点和差异主要有三个方面：一是大多数农产品必须在某个季节进行生产，并且生产周期长，导致了不能常态化供给某个特定农产品。二是农产品在转运途中常常会发生变质和损耗的现

---

① 马龙龙：《流通产业政策》，清华大学出版社 2005 年版。

② 宋则、张弘：《中国流通现代化评价指标体系研究》，《商业时代》2003 年第 11 期。

象。三是市场风险较大,农民对农产品的供给弹性大,消费者对农产品的需求弹性小,这就导致了生产和经营农产品有一定的市场风险。由于农产品流通具有以上特点,在运输、仓储等基础物流设施上要运用冷链等相关技术,同时还必须有相应的流通模式和流通主体才能顺利完成流通。

从流通形式看,不同的农产品物流模式对应着不同的流通主体和交易方式,但每一种物流模式都包括市场流通和市场外流通两种形式。市场流通是指收购小贩从农户手中购买到农产品后运输到批发市场,再由批发商转移到农贸市场、零售端等,最后到达消费者餐桌。市场外流通是指直接通过第三方物流或自有配送,从农户手上转移到零售端,最后卖给消费者,农产品流通过程中没有批发市场这一流通载体。

四、市场细分理论

1956 年,美国学者温德尔·史密斯(Wendell R.Smith)首次提出了"市场细分"概念。这一概念提出市场细分是依据消费者的需要和欲望、购买行为和购买习惯等方面的差异,营销者通过市场调研,把某一产品的市场整体划分为若干消费者群的市场分类过程。根据市场细分理论,每一个消费群体都可以被看作一个细分市场,他们拥有相类似的消费需求,拥有共同的消费倾向,因此能够聚集在一起。市场细分有助于企业生产更具针对性的产品,能够为消费者提供更具个性化的服务。企业可以根据自身发展特色,以及对于市场信息的搜集处理能力,确定相对应的目标市场,制定针对性极强的营销策略。同时,在细分市场上,一旦消费者的需求发生变化,企业应该立即改变营销策略,制定更加适应市场需求的销售方式,能够更加符合消费者的需求。正是由于这种市场细分,才能够更加集中人力、物力和财力投入市场。任何一个企业的人力、物力和财力都是有限的,通过细分市场能够实现企业所有资源的效益最大化。企业也可以集中更多的资源,占领目标市场。市场细分理论的提出,将焦点更多地集中于消费者,因为只有满足消费终端的需求,才能够使企业更好地安排生产。

就农产品市场细分而言,就是根据不同购买者在需求特点、购买习惯、购买行为等方面的差异性,把农产品总体市场细化为若干个不同类型的购买者群体的过程。分属于不同细分市场的消费者对同一农产品的需求与欲望存在明显的差异。伴随着经济社会的发展,人民群众的生活水平得到了显著提高,消费者对农产品的需求已经远远不再是解决温饱问题,而是如何吃得健康。消费者的购买行为以及农产品的营销策略也存在很大差异性,这种差异性导致市场细分的可能性增加。农产品生产者应该根据消费者的需要与购买习惯，进行市场细分，发现市场机会。

五、供应链理论

美国管理学大师彼得·德鲁克（Peter F.Drucker）曾提出了“经济链”的概念，而在其基础上，迈克尔·波特（Michael P.）提出了“价值链”的概念，进而不断演变为“供应链”的概念。20 世纪 80 年代初，迈克尔·波特在其《竞争优势》一书中首次提出“供应链”概念。作为企业战略活动的重要组成部分，他认为供应链应该包括企业的基本活动和辅助活动两大部分。其中，基本活动主要是指企业的内部物流、外部物流和市场销售等，而辅助活动则主要包括采购、人力资源管理、企业管理、质量管理等软性内容。

供应链是企业从采购原材料开始，就要充分关注的问题。企业通过对信息流、物流和资金流的掌控，将原材料打造成为商品，并最终由销售终端将商品售出，并与消费者完成交易，这样就将生产商、供应商、零售商和消费者连成一个统一的整体，形成了一个统一的网络结构。这不仅是衔接物流链、信息链的过程，更是一个产品的保值增值过程。产品由最初的原材料经过不断地深加工，实现了其价值增值，从而为企业带来效益，满足了消费者的需求。

所谓农产品供应链，就是农产品完成收购、加工、运输、分销直到最终送到顾客手中的全部过程，这个过程中各个环节环环相扣构成完整链条。从生产关系角度来看，农产品供应链则是由涉及将农产品或服务提供给最终消费者的上游及下游参与主体构成的供需网络，包括农户、生产商、批发商、零售商、最终消费者等等。一般而言，农产品供应链由生产资料的供应环节、生产环节、加工环节、配送环节和零售环节构成。通过供应链理论可以不断优化农产品流通模式，并在实践中提出更加科学合理的优化对策。

六、机制设计理论

机制设计理论是由利奥尼德·赫维茨（Leonid Hurmicz）提出，经由罗杰·迈尔森（Roger B.Myerson）以及埃里克·马斯金（Eric S.Maskin）发展而渐趋完善。机制设计理论是研究在自由选择、自愿交换、信息不完全及决策分散化的条件下，能否设计一套机制（规则或制度）来达到既定目标的理论。此外，机制设计理论也常常用于对现有制度或者现有机制的评价之中。就机制设计理论所要探讨的问题来看，其主要着眼于如何设计一个最好的机制使得既定目标得以实现。机制设计理论在实践中主要关注两个方面问题：一方面，是机制设计的信息问题。由于在实践中，信息大多数情况是不对称的,对信息的利用是建立在信息收集和分析基础之上,而这需要一定的成本。因此,在信息量够用的基础上,需要努力降低成本。另一方面,是机制设计的激励问题。在信息不完全基础上有效地激励能够提高参与者的积极性,从而使得系统或者组织按照制度设计者的目标发展,使得参与者在实现自身利益的过程中实现制度设计者的计划。现阶段,机制设计理论被广泛用于经济学领域,其对于经济问题的解决有着重要的作用。机制设计理论对于农产品生产与流通协调的意义在于,其提供了一个分析问题和设计机制的理论工具。本书尝试基于机制设计理论,结合农产品生产与流通协调实际需求构建农产品生产与流通的协调机制,以优化农产品生产与流通之间的有效衔接,从而实现农产品生产与流通的相互协调。

第四节 农产品生产与流通关系的基本原理分析

一、现代农产品生产体系

(一)现代农产品生产体系的内涵

农产品生产体系包括农产品生产主体、生产模式等。传统农产品生产体系主要以农户为主体,生产模式以“自给自足”的小规模分散生产为主。我国是传统的农业大国,几千年来的封建土地制度,导致大批的小农存在,这种分散的小农户生产方式,导致了农产品生产模式主要以自给自足为主。随着经济社会发展进入新的阶段,新型城镇化、工业化纵深推进,农村土地流转制度改革等体制机制创新加快推进,当前我国农业主要矛盾已经由总量不足转变为结构性矛盾,主要表现为阶段性的供过于求和结构性的供给不足并存。与此同时,农业农村发展的内外部环境也发生了大的变化,出现了许多新矛盾新问题,主要是:农产品需求升级,但有效供给跟不上;国外低价农产品进来了,国内不少农产品还难以有效竞争;农民增收传统动力减弱,新的动力还难以接续等。传统农产品生产体系中,诸如农业生产合作社、龙头企业等生产组织仍在持续壮大,“农户+专业合作社”“农户+政府+龙头企业”等新型的农产品生产组织模式开始登上历史舞台。

伴随着新型生产主体和生产模式的出现,现代农产品生产体系将科学、安全、高效、和谐等要求纳入其中,同时注重市场、资源和生态对农产品生产的约束,将原有的农产品生产事后监督,通过采用先进的信息手段,变为事中控制,甚至提前预判。土地流转政策不断完善,为农产品生产标准化绿色化提供了可能。现代农产品生产体系表现出以下三个特点：

一是倡导资源节约，注重环境保护。农业生产中，化肥和农药的大量使用势必产生明显的负外部性影响。绿色农产品生产要追求清洁生产和资源循环利用，合理使用化肥、农药等化学投入品，按照循环经济发展思路对废弃物实行资源化回收利用，注重对农村生态环境和农业自然资源的保护。

二是强调以人民为中心。“以人为本”的理念可以追溯至孔子，《论语》中倡导“有教无类”“因材施教”。孔子的本意就在于教育不论贫富贵贱，都应以育人为根本目的。新中国成立以来，我们党始终坚持以人民为中心的发展思想，始终将为人民谋幸福作为奋斗目标。党的十六届三中全会通过的《中共中央关于完善社会主义市场经济体制若干问题的决定》，提出的一个新要求就是要“坚持以人为本”。党的十八大以来，以习近平同志为核心的党中央提出以人民为中心的发展思想，坚持一切为了人民、一切依靠人民，始终把人民放在心中最高位置、把人民对美好生活的向往作为奋斗目标。坚持以人民为中心，把人民对安全、绿色健康的要求放在农产品生产的重要位置，同我们党全心全意为人民服务的根本宗旨和代表中国最广大人民的根本利益的要求，是一脉相承的。

三是注重全流程质量控制。在生产过程中，实行全流程质量安全控制，积极推进农产品生产的一体化和标准化，为人民群众提供优质、安全、营养的绿色食品。全流程质量安全控制，保证了农产品更加安全、让百姓吃得更加放心。全流程涉及了农产品生产到消费的始末，进一步强调了农产品质量控制和质量信息的可追溯性。按照《中华人民共和国农产品质量安全法》的规定，从源头加强农产品监管，制定有关食用农产品的质量安全标准，公布食用农产品安全有关信息。

此外，现代农业发展还注重发挥农业的多功能性。现在的休闲观光农业、田园综合体等便是有益的佐证，既能使人们体验农业生产的过程，又能实现经济效益，有助于环境保护和农民增收。它们是以农业资源为核心依托，以旅游功能为核心展示，借助科技、智能等进行创新性规划、设计，形成集科技创新、旅游观光、科普教育于一体的生产方式，也是进一步加强三产融合的典型代表。

（二）现代农产品生产体系的基本框架

新中国成立之前，我国是一个长期以农业为主导的国家。直至“一五”计划完成后，才初步建立独立的工业体系，国家通过投入大量人力、物力，建立起许多工业基地，为之后经济社会的发展奠定了物质技术基础。而封建时代乃至新中国成立之初的农业生产依旧延续了小农生产的方式。传统农产品生产体系中,缺乏先进理念的指导,既不注重生态环境的保护,不计后果地使用化肥、农药、添加剂等方法实现农产品增产,并任由有害物质排入水和大气中,造成环境污染。加之不注重节约,过于以经济利益为导向,产出效率低下,资源浪费严重。特别是我国农业生产效率与欧美国家相距甚大,劳动生产效率太低是农民收入偏低的一个重要因素。清华大学中国农村研究院副院长张红宇曾指出,我国农业劳动生产效率仅为发达国家水平的 2%,是美国农业劳动生产效率的 1%,是世界平均效率的 64%。现代农产品生产体系的基本框架包含三个方面:

一是加强生态环境保护工作。党的十九大报告中明确提出,要坚持人与自然和谐共生,树立和践行绿水青山就是金山银山的理念,实行最严格的生态环境保护制度,形成绿色发展方式和生活方式,坚定走生产发展、生活富裕、生态良好的文明发展道路。当前我国环境保护工作处在难得的窗口期、大有作为的战略机遇期,也是负重前行的关键期。只有强化生态环境保护意识,才能够有效改善民生,助推产业转型升级,实现经济发展和环境改善双赢的目的,走出一条人与自然和谐发展之路,以更好满足人民日益增长的美好生活需要,提升人民的生态福祉。不同于传统农产品生产体系,绿色发展理念要求在农产品生产过程中把环境保护放在首位,合理使用化学物质,减少化肥、农药施用量。

二是以效率为导向使用投入要素。不同于传统农产品生产框架,现代农产品生产以产出效率为导向使用生产要素,注意资源的节约使用和循环利用,降低生产成本。效率为先,是保证农产品生产和流通顺畅的目的。多数农产品属于短期消费品,特别是针对生鲜农产品而言,“新”“鲜”是消费者主要关注的消费点,也是进一步推进农产品流通的主要因素。只有保证效率优先,才能够缩短产品运输时间,保证其新鲜程度和食用安全。现代农产品生产关注效率优先,主要是为了节约流通成本,最大限度地利用好资源,充分发挥资源整合优势。

三是树立系统观念。现代农产品生产将生产者、消费者和自然生态系统视为一个有机的整体,并不割裂对待。自然界的万事万物是相生存在,并不是独立个体,人的生产和生活行为都与资源、环境相关联,传统农产品生产破坏了大量的资源,对环境造成了较大影响,人地不和谐、人与自然不协调等现象时有发生。党的十九大报告强调,中国特色社会主义已经进入新时代,我国社会的主要矛盾已经转化为人民日益增长的美好生活需要和不平衡不充分的发展之间的矛盾。人民生活水平逐渐提高,已经开始关注经济效益与环境效益的双丰收。农产品生产并不是人类对自然界的单向索取,而是一个人与自然界互动的生产过程,包括物质、能源的输入与输出。在此过程中,应将农产品安全、环境保护和经济效益三者统筹考虑,不可偏废,通过高效地利用各类农业资源,实现经济效益、社会效益和生态效益的有机统一。

(三)现代农产品生产主要模式

现代农业发展应当考虑生态环境容量和资源承载能力,在做好生态环境保护基础上,实现我国农业现代化,解决农业生产中的"质"与"量"问题。资源环境承载能力,是指在自然生态环境不受危害,并维系良好生态系统前提下,一定地域空间可以承载的最大资源开发强度和环境污染物排放量以及可以提供的生态系统服务能力。建立资源环境承载能力监测预警机制,有利于更加清晰地认识不同区域国土空间的特点和属性。规模化集约化经营是解决农产品生产环境容量瓶颈问题的关键一步,是实现农业绿色发展的必然选择。规模化集约化经营可以实现土地资源的有效利用,产生规模经济效益,便于先进科学技术在农产品生产领域的推广和生态环境的保护。同时,为农产品生产标准化提供了有利条件,从而保障农产品的质量安全。党的十九大报告进一步强调"推动新型工业化、信息化、城镇化、农业现代化同步发展"。农业生产规模小、分散且技术含量低,这不利于高效利用土地资源和其他相关资源。只有实现了农业规模化集约化经营,才能够实现土地资源的高效利用,提升农业投入产出效益,有效保证农业现代化的实现。

目前,我国农业仍以农户为主体,规模小而分散,不利于农产品规模化经营。实践证明,要实现适度规模化经营,有效地解决我国土地分散的问题,必须有序推动土地流转。土地流转是指拥有土地承包经营权的农户将土地经营权转让给其他农户或经济组织,即在不改变土地性质的基础上实现土地使用权的流转。从各地方实践看,我国土地经营权流转模式,应用较多的包括出租、入股分红等。土地经过使用权流转,有实力的龙头企业便可以开展农产品生产的规模化经营。现代农产品生产模式,往往是"农户+政府+龙头企业"等多主体协作的生产模式。农户出租土地或以土地使用权入股龙头企业,从中获得收益。龙头企业负责流转土地的规模化经营,政府则成为监督方。与专业合作社等新型生产服务组织相比,龙头企业在管理人才、市场分析、融资方面均具有明显的优势。党的十九大报告明确提出,要实施乡村振兴战略,其中最重要的部署之一是"第二轮土地承包到期后再延长三十年"。这一政策的实施,可以提高农民的积极性,进一步稳定土地经营权，也有利于促进土地流转期限的增加、加快土地使用权的流转。

农业生产园区也是推动农业规模化集约化生产的有效载体。政府在坚持农业可持续发展的原则下，可以通过建立农业生产园区，利用合理定位与规划、加大农业基础设施投入、加大政策扶持力度、引导农村土地流转等手段，创造出良好的投资环境而吸引龙头企业入驻，并将园区的经营权交给龙头企业。在此基础上，逐步在规模化经营企业推行农产品生产标准、质量安全标准等，推动我国农业的规模化现代化发展。

二、现代农产品流通体系

（一）现代农产品流通体系的内涵

现代农产品流通体系具有不同于传统流通体系的新内涵。在可持续发展思想的指导下，现代农产品流通体系整合农产品"从田间到餐桌"的全产业链，涵盖了采购、加工、运输、分销和仓储等一系列流通活动，参与主体包括供应商、批发商和消费者在内的所有产业链主体。

现代农产品流通体系，不仅仅包括物流、信息流和资金流等集成的"硬要素"，流通过程还包括环境、安全及文化等"软要素"。"软要素"是提质增效的重要环节，也是容易被忽视的环节。现代社会的发展已经越来越重视"软要素"的培养和发展，因为"软要素"往往可以在细节或者包装上更加符合消费心理，更加适应市场需求。正是由于"软要素"的改善，使得农产品流通体系的面貌焕然一新。新的流通体系更加注重"硬要素"和"软要素"的有机融合，具有注重保护生态环境、关注食品安全、营造节约文化、实现资源效率等诸多优点。

现代农产品流通改变了以往的流通方式和流通理念，更加强调合理利用资源、保护环境、维护生态平衡，并将实现经济、社会、政治、人文和生态环境可持续的科学发展作为目标。与传统流通体系相比，现代农产品流通体系在物流、资金流和信息流方面均与其保持一致，但现代农产品流通体系更加注重资源节约和环境保护，注重经济社会生态的和谐统一。注重资源节约，是要将农产品生产控制在资源环境的承载范围内，保证可持续发展。而注重环境保护，则是为了更好地实现未来发展，更好地为子孙后代谋福。具体而言，现代农产品流通体系的框架较为复杂，主要包含支撑体系和运行机制：

支撑体系，是指为保障组织体系、流通体系顺利运行而形成的一系列运行机制。其是具有公共产品属性以及一定公益性质的软硬件设施体系，既包括法律、法规、制度、规划、政策等软件环境，也包括基础设施、设备、信息平台、技术开发与应用的硬件水平。① 主要包含流通渠道体系、流通组织体系和流通安全体系，这些具备完备支撑能力的机制体系，才是保障流通体系正常运转的基础。其中，流通渠道体系包括产销一体化、联盟化的渠道系统和完善的终端销售体系；农产品流通组织体系中参与主体更加多元，农产品流通服务体系向标准化、规模化和品牌化发展，基于电子商务的信息服务体系更加完善；流通安全体系制度建设更加规范，农产品安全追溯体系更是流通安全体系的核心。

运行机制，是指在人类社会有规律的运动中，影响这种运动的各因素的结构、功能及其相互关系，以及这些因素产生影响、发挥功能的作用过程和作用原理及其运行方式。现代农产品流通体系中的运行机制要想更加成熟，需构建包括产业融合驱动机制、城乡流通互动机制、流通主体利益协调机制、流通运行风险预警机制和流通政策内外支撑机制等。

（二）现代农产品主要流通模式

现代农产品流通模式有着新的形式和内涵，主要体现为以下两点：

一是农产品流通过程要注重对周围环境的保护，根据环境容量设计流通体系的承载力，避免超负荷运转对环境的破坏。流通全流程需贯彻低碳环保理念，进而合理配置资源，提高资源利用效率，节约流通成本，避免浪费。同时，还应将农产品质量安全放在重要位置。尽管流通参与主体不是农产品生产主体，但是由于流通链条较长，层次较多，农产品易被污染和损坏，农产品质量安全问题会严重影响到消费者的购买体验。

二是现代农产品流通模式是“四流合一”，即物流、资金流、安全流、信息流合一。其中，信息流是现代农产品流通模式的重要一环，农产品信息可追溯是保证质量安全的主要方式，并且信息流促进了物流、资金流和安全流效率的提升。目前，从世界范围来看，农产品质量安全的可追溯已经成为农业发展的大趋势，也是进一步保障消费者的食品安全和身体健康的重要手段。通过大数据系统下的信息流搜集，建立起农产品质量安全可追溯体系，变革农产品流通模式，可有力强化农产品质量安全保障。

三、农产品生产与流通的协调基础分析

（一）现代农产品生产体系与流通体系具有适应性

如前所述，农产品生产体系和流通体系正在被工业化带来的环境污染、

① 周强：《论我国农产品流通支撑体系存在的问题及其对策》，《北京交通大学学报（社会科学版）》2015 年第 2 期。

资源约束所制约，会极大影响农业现代化的发展，也难以支撑农业走上更加健康可持续发展之路。农业生产要实现转变，就必须要从农产品生产体系和农产品流通体系这两大环节抓起。只有保证这两个环节的健康运行，农业发展才会实现可持续，人民饮食安全才能够得到根本保障。在新的时代背景下，与传统生产体系和流通体系相比，农产品生产体系和流通体系有望产生新的变革，表现出新的特点。从适应性来看，现代农产品生产体系与农产品流通体系较传统理念更具有适应性，更能实现协调发展。

一方面，现代农产品生产体系和流通体系更加完善。党的十八届三中全会公报指出，要正确理顺政府和市场之间的关系，使市场在资源配置中起决定性作用和更好发挥政府作用，这是深化经济体制改革的关键。亚当·斯密在《国富论》中，第一次提出了“市场”作为“无形的手”的概念，他认为任何经济现象都是在市场的自主调控下出现的，包括通货膨胀和通货紧缩，可以放开市场，让市场这只无形的手调控经济。农产品流通体系通过建立“消费者、农民双重导向”的渠道战略，让消费者和农户成为具有相对完全信息的市场参与者，农产品各市场参与主体地位更加平等。农产品生产将更多依据市场信号，有效克服信息不对称导致的机制障碍。

另一方面，农产品生产体系参与主体与流通体系参与主体能够更好实现有效对接。现代农产品生产强调规模化和产业化，注重流通层次简化，以节约、集成、高效为典型特征，使得农产品生产体系和农产品流通体系更加适应。这里讲的“规模化”，是指农业企业由小到大的发展过程，主要目的在于降低企业成本，提高市场占有率，进而获得更大利润；而“产业化”是指农产品从分散式、小规模、家庭作坊式的生产，发展到大规模的机械化、自动化生产，并形成新的农业产业。我国农业发展虽然已经取得了长足进步，且对社会经济的发展起到了重要基础作用，但是效率仍然不高，最主要原因就在于农产品生产还未实现规模化和产业化。

（二）现代农产品生产模式与流通模式具有契合性

现代农产品生产模式和流通模式，较传统模式更加契合，更能实现相互协调。一方面，现代农产品生产模式和流通模式的关注点一致。二者均将生态环境保护放在首位，注重资源的节约和循环利用，将农产品安全理念嵌入到生产和流通的全过程，倡导绿色文化对农产品生产和流通的影响。关注点的一致性，更加明确了未来农业发展的方向和目标，也更加表明未来农业发展的重点。未来农业发展不再是粗放式、低效率的增长，而是要更多关注农业与其他产业的融合，更多地关注农业与资源环境的协调，形成共赢局面。另一方面,通过大力发展农民专业合作社、合作社联合体和合作社控股企业实现农户组织化。组织化的农产品生产模式较传统模式更加具有竞争力和议价能力,能够摆脱中间批发商对农产品市场的垄断,提升市场对资源配置的效率。同时,组织化农户减少了农户个体生产的盲目性和随意性,也会大大提升农产品生产与农产品需求的对接程度。此外,科技知识的普及,有助于生产主体科学利用土地资源,合理利用化肥、农药,有利于生态环境保护。中国科协第十次中国公民科学素质调查结果显示,我国农村居民具备公民科学素质的比例从 2015 年的 2. 43%增加到 2020 年的 6. 45%,提高了 4. 02 个百分点。农村科学知识的普及,有助于进一步提升农业产出水平和产出质量。

(三）现代农产品生产与流通能够实现均衡

农产品市场实现市场出清时,产业链各环节和市场各参与主体之间能够实现均衡。现代经济发展过程强调经济发展各子系统之间实现均衡。同样,现代农产品生产和农产品流通体系之间的均衡关系,主要表现在“质”的均衡、“量”的均衡、“价”的均衡和“信息”均衡。

农产品生产与流通环节“质”的均衡,表现在农产品质量安全水平控制的连贯性。现代农业注重生态农业和可持续发展,不管是无公害产品、绿色产品和有机农产品都强调农产品生产和流通过程对生态环境的保护,可持续发展理念贯穿生产—流通—消费全产业链条,实现农产品质量安全自始至终的连贯性和均衡性。

传统的农产品产业链条中,优质农产品供给量明显偏“少”,而普通农产品则同质化严重、竞争激烈,诱发使用化学手段提高产品竞争力等不法行为。现代农业在保护生态环境不受影响的同时,注重资源节约和合理利用,通过合理安排生产、提高生产效率和流通效率,实现最大的经济效益,力图使农产品生产供给和流通在“量”上保持均衡,不至于出现供给过剩或需求短缺。

农产品“价”的均衡是“质”和“量”在系统内实现均衡的必然结果。市场经济理论认为,价格反映了农产品市场的供求状况。但农产品从生产者向消费者时空转移的过程,不仅仅是供给和需求二者作用的结果,流通环节各参与主体也是相关利益方,他们也参与农产品流通利润的分配。传统市场结构中,大型批发商尤其是平台销售商,相对于生产者和体量较小的批发商,拥有较强的市场垄断力量,加之农产品生产领域和流通领域信息化水平有限,信息不对称造成利益大都流向大型批发商,而农户则蒙受损失。现代农业发展理顺了农产品价格传导机制,通过建设完善配套的农产品生产和流通服务体系，尤其是信息化基础设施的完善和互联网技术的发展，信息盲点正在消失，随之而来的“信息”均衡时代，将会引导农产品生产和流通更加协调发展。

第五节 农产品生产与流通协调的决定机理

农产品生产与流通协调发展必须充分考虑农产品生产特性和农产品流通特性，本节就农产品生产特性与农产品流通特性对农产品生产与流通协调的决定机理进行分析。

一、农产品特性决定利益平衡必要性

农产品生产与流通特性决定了农产品生产与流通中主体间利益存在不平衡，尤其是农户利益难以保障，这将极大影响农户从事农业生产和合作的积极性。为实现农产品生产与流通协调发展，必须实现各参与主体的利益平衡。

（一）农产品特性使农户利益保障不足

农产品生产分散，使得农户生产规模小，缺乏规模效应，且农业生产主体间离散性强，缺乏联合，整体组织化程度低，这使得个体农户在供应链中力量不足。农产品流通分散，一方面由于消费市场分散使得农户难以依靠自身力量获取足够市场信息，另一方面分散的农产品流通渠道也使得农户需要依靠企业物流渠道实现农产品的输出。此外，由于农产品具有生物性和季节性，而农产品的储存具有技术性，农户难以长时间保留农产品，而需要在一定时间将农产品进行出售，这又进一步降低了农户的议价能力。因此，整体上农户在农产品生产和流通领域处于不利地位，农产品供应链利益多为企业获取，农户利益难以得到保障。

（二）为保障农产品稳定供应需多渠道保障利益平衡

农户利益保障不足会直接影响农户从事农产品生产的积极性。同时，当利益降低时，可能会加剧农户机会主义倾向，使其通过降低农产品生产成本以获取更多利益来弥补自身利益不足，最终造成农产品质量下降。为保障农户积极参与农产品生产并提升农产品质量，必须通过加强农产品产业化经营组织建设、完善农产品政策措施、提升农产品产业价值链等措施保障农产品生产与流通领域各主体利益平衡，从而实现农产品生产与流通协调发展。

二、农产品特性决定价格机制形成重要性

农产品生产的风险性，尤其是市场风险，要求农产品生产与流通形成有效的价格机制，正确反映市场需求，减缓价格波动，以实现农产品生产与流通的协调。

（一）市场风险制约农产品稳定供应

农产品生产的风险性加剧了农产品价格与供求波动，引起农产品供给的失衡，最终不仅仅影响到市场需求的正常满足，更会给农业生产者带来损失，并进一步影响到农产品流通。依据蛛网理论，一方面，农产品需求弹性小于供给弹性，由于农产品大多属于生活必需品，其需求在一定时间内波动不大，即缺乏需求价格弹性；另一方面，由于农产品供给受到自然风险和市场风险等风险共同作用，农产品供给易发生波动，故其供给弹性要大于需求弹性。当农产品供给弹性大于需求弹性时，农产品生产者按照之前的供给曲线进行农产品生产决策时，一旦农产品市场由于受到外力干扰，如产品炒作、自然灾害等影响使得农产品价格与供求偏离原有均衡状态，而农产品由于其生产的季节性和周期性无法依农产品价格的高低短期内有所增减，供给难以在短时间内进行有效的调节，会导致市场价格波动不断加大，越来越远离均衡点。远离均衡点的农产品市场难以正确反映市场需求，错误的信息将对农产品生产领域产生误导，并进一步影响到农产品流通，从而干扰整个农产品供应链的正常运行。

（二）为减缓价格波动需形成合理价格机制

由于农产品市场广泛存在着发散型蛛网波动，对农产品供应链运行产生了严重干扰，为此必须采取有效措施减缓波动，推动农产品市场实现均衡。价格的扭曲是农产品市场波动的重要根源，减缓农产品价格波动，使得价格正确反映市场供求，才能为农产品生产提供真实准确的市场信息，有效推进农产品供需平衡，并稳定农产品流通渠道。为此，需要通过发挥农产品价格诱导机制作用，构建农产品市场价格形成机制、调控机制、传导机制，以实现农产品生产与流通各方经济利益协调并减缓价格波动。

三、农产品特性决定全环节质量控制重要性

农产品具有易腐烂等生物特性，且其质量安全具有隐蔽性、传递性、叠加性等特性，农产品质量安全管理复杂，为保障农产品质量安全，必须对农产品生产与流通实施全环节质量控制。

（一）质量安全影响农产品消费

农产品的生物特性及其质量安全特性对农产品生产及农产品流通会产生不良影响，并进一步影响到农产品最终消费。农业是人类社会赖以生存基本生活资料的来源，也是其他国民经济部门存在和发展的基础。农产品是人们生活的基础性产品，同时也是其余产业发展的重要原材料。当农产品质量安全出现问题时，既会直接影响到消费者身体健康，也将对其余产业产品质量产生影响，并通过其余产品间接影响到消费者。国家市场监督管理总局发布的数据显示，2020 年全国市场监管部门全年共查处食品安全违法案件高达 28.62 万件，罚没款金额达到 27.26 亿元。

（二）为提升农产品质量需实施全环节质量控制

农产品质量安全问题会对农产品消费产生冲击，并直接影响到消费者身体健康，而消费领域又会对农产品生产与流通产生反馈，并影响到农产品产业各主体利益获取。为更好地保障农产品质量，必须对农产品实施全环节质量控制。为此，通过建立农产品从生产、加工、运输到最终消费的质量安全体系，保障农产品质量在各环节得到有效控制，是实现农产品生产与流通协调的重要着力点。

四、农产品特性决定风险分摊必要性

农产品生产具有风险性，面临着自然、社会、技术、市场等多重风险威胁，农产品流通同样面临着各种问题，为此必须构建风险分摊机制，使得风险分散到各主体、各环节，减少单一主体风险压力，提升各类主体抗风险能力，以推进农产品生产与流通协调发展。

（一）风险威胁影响产业发展

农产品生产与流通面临着多重风险威胁，各种风险相互交织会对农业产业发展产生阻碍，甚至对部分主体经营产生巨大冲击，促使农产品产业主体退出产业合作。一方面，各种风险相互交织使得农产品生产易发生波动，而我国以小农户为主的农业生产环节缺乏系统性风险控制能力，抵抗风险能力较弱，农户生产易出现亏损。另一方面，农产品产业合作中，农户处于不利地位，不仅仅其利益难以保障，也容易成为风险的主要承担者。此外，我国农产品流通体系化建设不够完善，小生产与大市场的矛盾依然难以解决，同时流通成本高、信息不灵和产销衔接不畅等问题同样制约着农产品流通。

（二）为提高主体抗风险能力需进行风险分担

农产品生产与流通风险严重阻碍农业产业发展，尤其对于小农户等自身存在不足的主体更是有着巨大影响,并将制约农产品流通的有序进行。为推动农产品生产与流通协调,亟须建立以农业保险等为辅助手段的全面合理的风险管理体系,以更好地提升农业主体尤其是小农户抵抗风险的能力,进一步保障农业生产者的基本利益,保障农产品生产工作的正常进行,促进农业经济的健康良好发展。

第二章　我国农产品生产与流通的现状及问题分析

为清晰了解农产品生产与流通间的协调关系，本章基于农产品生产与流通实际，就农产品生产与流通现状及其问题进行深入分析，以期为后续章节提供充分的现实依据。

第一节　我国农产品生产与流通的现状及问题分析

一、我国农产品生产的现状及问题分析

（一）我国农产品生产的现状分析

1. 我国农业发展历程梳理

我国自古以来就是一个传统的农业大国，农业一直是国民经济发展的命脉。农业的发展直接关系到经济社会的稳定与发展，同时也关系到工业及服务业的发展与壮大。

新中国成立后，我国农业生产也经历了曲折的发展历程。新中国成立初期，由于政局初定，大规模战争已经不复存在，为农业的发展提供了政治保证，从而推动农业实现了较大幅度的增长。1952 年，全国土地改革基本完成，彻底废除了封建剥削制度，解放了农村生产力。至此，党和政府开始恢复和发展农业。1958 年至 1960 年，“大跃进”和人民公社化运动造成了国民经济比例严重失调，农业粮食生产呈现急剧下降的趋势，农民生产积极性严重受挫，农业生产遭到巨大破坏。1960 年冬，党中央开始纠正农业工作领域中的“左”倾错误，对国民经济实行“调整、巩固、充实、提高”的八字方针，农业经济得以逐步恢复和发展。而 20 世纪 70 年代末家庭联产承包责任制的推行，是农村土地制度的一项重大转折，农民分到了土地，从而再一次解放和发展了农村生产力，提高了农民的生产积极性，推动了农业发展，农村经济体制改革也进一步得到深化。

2. 我国农产品生产的现状及特征分析

从农业生产总值来看，改革开放以来，我国三次产业划分中，农业始终位居第一产业，是我国国民经济发展的基础，而农产品生产又是农业的基

础,是农业生产的核心。近年来,农业产值占国民生产总值的比重虽然有所下降,但是其对于整个国民经济体系的基础性作用依然比较明显。中共中央、国务院自 1982 年起开始发布以农业、农村和农民为主题的中央"一号文件",到 2022 年已经发布了 24 份,对农村改革和农业发展作出了一系列具体部署。中央"一号文件"的发布,表明党和国家对农业生产、农村安定和农民生活的高度关注。但是,也不难看出,农业在整个国民经济体系中的占比伴随着社会经济形势发展的需要,呈现逐年递减趋势。2021 年,农业产值占国内生产总值的比重仅为 7. 3%,较改革开放之初的 1978 年(27. 7%)下降了 20. 4 个百分点,这是经济体系不断走向成熟的表现,也是社会生产力发展的必然结果,但无论如何,农业的基础性地位始终未能改变。

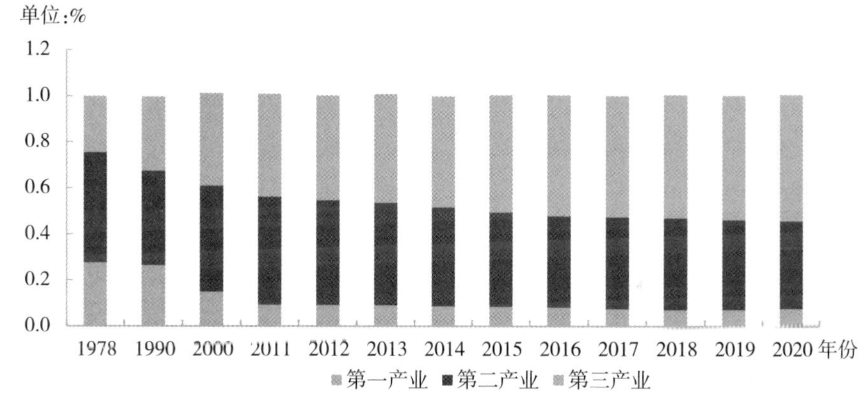

图 2-1　1978—2020 年我国三次产业占比

资料来源:《中国统计年鉴 2021》,中国统计出版社 2021 年版。

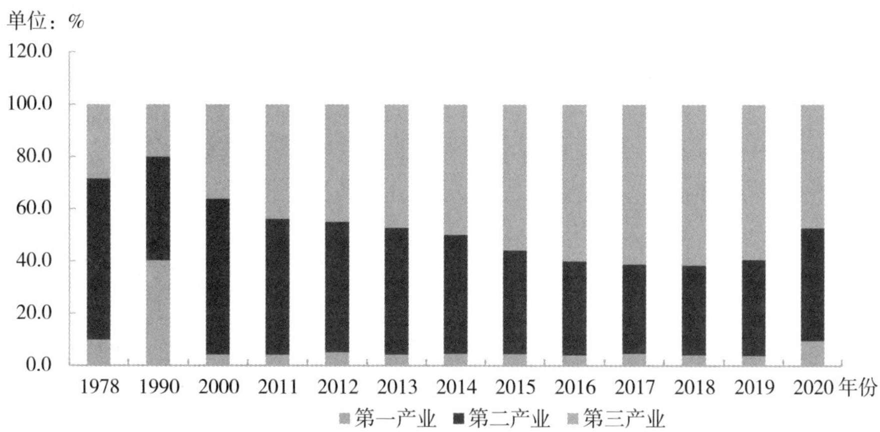

图 2-2　1978—2020 年我国三次产业的贡献率

资料来源:《中国统计年鉴 2021》,中国统计出版社 2021 年版。

从农产品生产总量来看，1978 年以来，伴随着家庭联产承包责任制在全国范围内的推广，农民的生产积极性不断提高。同时，新的育种技术和新的栽培方法在农业生产领域的广泛应用，不仅丰富了农产品的种类，同时也提高了农产品的产量。以粮食产量为例，由 1978 年的 30476. 5 万吨增加到 2020 年的 66949. 2 万吨，增长量超过一倍，成为世界粮食史上的一大奇迹。

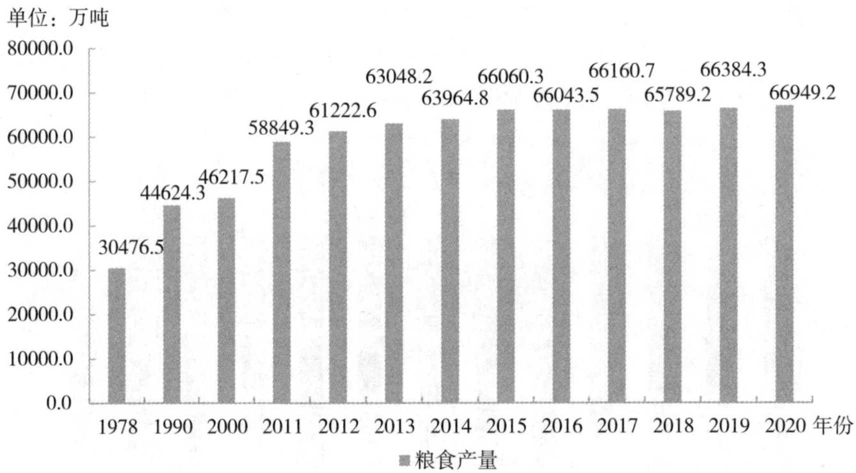

图 2-3　1978—2020 年我国粮食产量

资料来源：《中国统计年鉴 2021》，中国统计出版社 2021 年版。

从生产模式来看，自家庭联产承包责任制实施以来，通过计划经济时期对我国农村经营管理体制进行的一系列改革，充分调动了广大农民的生产经营积极性，极大地解放和发展了农村生产力。我国农产品生产的主体以“农户”为主，采用一家一户的个体经营方式。农户根据个人判断和需要决定农产品生产的种类和数量，同时根据土地面积大小，选择较为合适的种植方式。因此，这种生产模式下，农业生产者具有很大的分散性，其生产决策也具有随意性，难以形成规模经济效益。20 世纪 80 年代中期，实行家庭联产承包责任制以来，我国平均每户承包耕地面积 8. 35 亩。而到了 90 年代中期，农户平均承包的耕地面积下降到 6 亩，且户均承包土地 9—10 块，有 1/3 的省份人均耕地面积不足 1 亩。农田结构的细碎化，一方面不利于农业科技水平的提高，另一方面也增加了农业生产的管理成本。此外，还加剧了农村基础设施建设的难度。由于农业经营规模小，农田水利设施建设投入大，直接导致了农业生产成本的长期居高不下。

从农业生产端价格的形成机制来看,改革开放以来,随着我国农产品连年增产,农产品的生产能力和供给能力均得到不同程度的提高,并出现结构性过剩。2004 年,国务院出台 17 号文《关于进一步深化粮食流通体制改革的指导意见》,对于我国农产品价格购销两头全面放开具有标志性和指导性意义,同时也形成了一套新的农产品市场调控体系。农产品市场也从原来的"卖方市场"向"买方市场"转变,使得农业生产者之间的竞争日益加剧。在这一大背景下,农业生产者由于其分散性,单个农户的生产规模较小,且产品结构趋同现象严重,导致了农业生产者之间的内部竞争越来越激烈。同时,也形成了小农户与大市场之间的矛盾,农产品生产者在农产品市场上讨价还价的能力被削弱,最终沦为市场价格的被动接受者。如此一来,农产品价格被低估,市场价格受压制的现象也就显而易见了。自我国加入 WTO 以来,主要农产品国内外的差价持续扩大,进口压力持续增加,政策性收储价格处于支配地位,进一步影响着市场作用的发挥。此外,大量进口导致了国内农产品库存积压愈加严重,财政潜亏的风险不断增加。这些因素都使得农产品价格形成机制的改革势在必行,这也是当前推动农业供给侧结构性改革的核心问题之一。

(二) 我国农产品生产存在的主要问题

前章分析中结合宏观数据对我国农产品生产条件进行了分析,本节进一步就我国农产品生产现状进行探讨,并就农产品生产中存在的问题进行深入剖析。

改革开放以来,受惠于家庭联产承包责任制和社会主义市场经济体制的不断完善,我国农产品生产取得了举世瞩目的成绩。根据国家统计局官方公布的数据可知,2020 年我国棉花、油料、肉类、禽蛋、水产品、蔬菜、水果等主要农产品产量分别达到了 591 万吨、3585 万吨、7639 万吨、3468 万吨、6545 万吨、74913 万吨和 28956 万吨,均居世界前列。中国用世界上 7%的耕地,养活了世界上将近 20%的人口。不得不说,这与我国农产品生产取得的成绩密不可分。但是,我们也必须清楚看到,当前我国农产品生产领域仍然存在诸多问题,如生产效率偏低、质量安全问题频发、农业生产污染严重等。

第一,我国农产品生产效率偏低。尤其是相对于发达国家,我国农产品生产效率更是存在较大差距。世界银行的农业发展数据显示,2013 年中国和美国的农业增加值分别为 8929 亿美元和 2424 亿美元(当年价)。就增加值的规模而言,两国分别位居世界第一位和第三位。然而,两国的农业劳动生产率却存在着十分巨大的差距。从农业工人人均增加值来看,2013 年中国和美国分别为 754 美元和 69457 美元(以 2005 年美元计价),中国仅为美国的 1.1%,如何有效提高农业劳动生产率是加快我国农业现代化所发展面临的核心议题。造成我国农产品生产效率偏低的原因是多方面的。就我国农产品生产主体来看,我国农产品生产主体主要为农户,且表现出高度分散化的特征。这种小规模经营的生产模式,阻碍了先进生产经营理念和技术在农业生产中的应用,高度分散经营阻碍了农业生产效率的提升。这是因为在农产品的生产、加工过程中,涉及生产资料的专用性,而适度的规模经营有利于稀释部分资产的专用性,从而产生规模经济效益。而分散经营导致了农业生产过程难以实现有效控制,也难以实现集约化和组织化生产,不利于农业基础设施建设,不利于大型机械投入生产,更不利于农业标准化生产,最终影响到农业生产效率的整体提升。就农业科技发展而言,我国农业科技发展相对发达国家而言仍有一定距离,农业科技对农业发展的贡献仍有较大进步空间。农业科技进步贡献率是指农业科技进步对农业总产值增长率的贡献份额,反映出一个国家农业科技对农业发展的积极作用。2020 年我国农业科技进步贡献率为 60.7%,但是荷兰、德国、美国等国家的这一数据均超过了 90%。该项指标的差距,反映出相对发达国家而言,我国农业发展过程中依然更多依靠资源投入,农业科技的带动作用仍需进一步加强。就农民整体素质而言,与发达国家农民相比,我国农民科学文化素养有所不足,现代市场知识、企业经营管理知识有待提高,在现代信息技术的应用方面,大部分农户存在较多实际阻碍。

第二,农产品质量安全问题依然严峻。农产品质量安全是最大的民生工程,也是人民群众最关心的问题,更是满足人们对美好生活向往的基础保障。从深层次来看,更是关系到社会的和谐稳定,关系到中华民族血脉健康延续的重大战略问题。早在 2006 年 4 月,我国就已经通过了《中华人民共和国农产品质量安全法》。但从现实情况看,该法律的严格实施和执行过程中仍存在一些问题,部分企业或生产经营者在自身利益的驱使下,对农产品质量关注不足,从而发生了多起农产品安全事件。比如,甲醛白菜、绝育黄瓜、“苏丹红”“红心蛋”“三聚氰胺”等,这些事件的发生与曝光,为农产品生产安全敲响了警钟。与此同时,农业生产过度依赖化肥、农药、除草剂等化学投入品,由此导致的面源污染日益严重,进而使得我国耕地质量下降。据中国工程院院士林伟伦提供的数据表明,我国粮食产量尽管占到全世界粮食产量的 16%,但是化肥施用量是全世界的 31%,每一万平方米用量是世界平均用量的4倍,过量的化肥进入土壤、地下水体,打破了土壤的营养平衡。而我国每年180万吨的农药用量,有效利用率却不足30%,多种农药造成了土壤污染,甚至使病虫害的免疫能力增强。农产品质量安全不仅关乎我国农业安全问题,更与人民群众的健康息息相关,必须加以高度重视。

第三,农产品生产过程污染已经严重影响我国生态环境,制约经济社会可持续发展。在我国长期的农产品生产过程中,由于不合理使用而流失的农药、化肥,残留在农田中的农用薄膜,处置不当的农业畜禽粪便、恶臭气体以及不科学的水产养殖等产生的水体污染物等,已经成为影响我国生态环境的重要因素。由于农业生产具有分散性,且生产过程缺乏监督,因此农业污染存在随机性大、分布范围广、防治难度大等特点。这些农业污染物不仅仅会影响周边居民的身体健康,更会对土壤、水、大气产生不良影响,严重威胁生物生长发育,对地区生态平衡产生较大冲击。近些年来,虽然我国已经逐渐认识到农产品生产过程污染问题的严重性,并采取多种措施进行治理,但是由于农产品生产污染问题积累已久,因此现阶段我国农产品污染问题依然十分严重。根据国务院2020年发布的《第二次全国污染源普查公报》可知,2017年我国农业源水污染物排放量分别为化学需氧量1067.13万吨、氨氮21.62万吨、总氮141.49万吨、总磷21.20万吨。虽然相对于《第一次全国污染源普查公报》所记录农业源污染情况有所好转,但其数量依然巨大,在较长一段时期内,农产品生产污染问题都将制约我国经济社会的可持续发展。

二、我国农产品流通的现状及问题分析

(一)我国农产品流通的现状分析

农产品流通是实现农产品从田间到餐桌的空间转移方式,也是连接农产品生产和消费两端的必要环节。党的十八届五中全会明确提出"大力推进农业现代化"的要求。党的十九大报告提出乡村振兴战略,坚持农业农村优先发展,实现农业农村现代化。而农产品流通体系的优化是实现农业现代化的重要保障。2022年中央"一号文件"明确提出,推动冷链物流服务网络向农村延伸,整县推进农产品产地仓储保障冷链物流设施建设,促进合作联营,成网配套。以下将从农产品流通体系、价格形成机制和质量监督机制等方面分析我国农产品流通的现状。

第一,农产品流通体系已经初步建立。农产品流通体系是与农产品流通相关的各个要素相互作用、相互联系而构成的一个整体。按照各要素性

质的不同,我国农产品流通体系要素可以分为三类,即渠道体系要素、流通载体类要素和规范与支撑类要素。其中,渠道体系要素中流通主体具体包括市场和农产品流通中的各类中介组织,流通载体类要素包含从事农产品交易的各类市场,规范和支持类要素主要指为确保农产品产销流畅的信息保障和政策支持。当前,我国农产品流通体制尚不完善,渠道流通主体处于多元化并存的局面。既有传统的"农户—消费者"的直接交易模式,农户通过批发市场与农产品批发商交易,以及贩销大户上门收购,也有"公司+农户""公司+专业合作社+农户"等新型渠道模式。而渠道载体主要以批发市场为主体,但诸如电子交易市场、拍卖交易等新型流通渠道载体正逐渐兴起。

第二,农产品价格形成机制尚待完善。在我国现行的农产品价格形成机制中,农产品流通环节是关键节点。当前我国农产品流通体系中,有多种流通渠道,但绝大部分的农产品流通仍是以大型销地批发市场为核心枢纽的传统流通渠道。在农产品流通产业链条上,对生产者以及农产品交易价格最具控制力的当属中间经销商。而多级中间经销商中,又以大型销地批发市场的坐地商最具垄断力和控制力。处于链条两端的生产者和消费者,成为农产品市场价格的接受者,议价能力最弱。

第三,农产品运输基础设施不足和技术水平落后等问题较为突出。近年来,我国交通运输业的快速发展,为农产品的运输提供了最基本的设施保障。但也要看到,我国大型农产品流通配送中心以及批发市场的基础设施设备严重不足,冷藏运输车、冷藏库、专用仓库数量也较为短缺,农产品运输服务网络和信息系统不健全导致信息准确性和时效性较差,农产品产后的预冷保鲜、低温环境下分拣包装加工等处理、运输过程中温度控制等环节技术依然落后。总体而言,现有基础设施和技术水平还难以完全支撑农产品流通的发展需求,特别是数字化基础设施、技术装备仍存在明显的短板。

第四,农产品流通成本偏高。农产品价格机制不合理、物流基础设施不足等问题,会导致农产品供需难以有效对接,直接或间接抬高流通成本。根据中国物流与采购联合会的数据,我国农产品运输损耗率高达 25%—30%,与发达国家 5%左右的水平存在显著差距;而我国农产品流通成本占总成本的 30%—40%,这个数据与发达国家 10%以下的水平相比也存在显著差距。

第五,农产品质量监督机制尚待健全。随着我国农产品产量的持续提升、消费量的持续扩大,我国农产品的质量监督机制也相应建立,涵盖了从生产到消费的全流程监管，不仅包括质量安全认证体系、标准体系和检验检测体系，农产品流通领域在内的质量安全监管也日益增强。但是，由于我国农产品受分布广泛、品种复杂、产业链长、管理体制不健全等因素影响，农产品的生产与流通环节还易产生监管交叉领域。因此，多主体协同治理食品安全的格局尚未形成，监管体制机制尚待健全。

（二）农产品流通存在的主要问题

农产品流通环节是农产品实现其使用价值的关键环节，也是农产品领域存在问题较多的环节。我国农产品流通环节存在如下亟须解决的问题：

第一，农产品流通的法律缺位。我国是一个法治国家，依法治国是我们党治国理政的重要理念，也是保障我国社会经济健康有序发展的重要基础。党的十八届四中全会主题是推进依法治国。党的十九大报告进一步提出，坚持全面依法治国。然而，在我国现有的法律体系中，并没有针对农产品流通的专项法律法规。当前，我国农产品流通体制改革仍处于不断探索的过程中，尚没有一部完整的农产品流通法律对市场进行规范。外加农产品流通市场参与主体多元，成分复杂，导致农产品流通市场的秩序有待进一步规范，从而影响了农产品流通效率。现代农产品流通过程主要涉及农户、农业合作组织、批发市场等流通主体，各主体间如不能够很好协同，必将导致市场出现各类问题，使得农产品流通不畅。

第二，农产品产销脱节现象严重。从产品流通过程来看，各市场参与主体中，农户掌握的农产品的价格信息最不充分，其生产也具有随意性和盲目性。农民对市场的把握始终处于滞后阶段，不能很好地判断和把握农产品市场需求变化。特别是对农产品价格信息了解的渠道单一，致使农户并不能根据市场所需进行生产，因此在其生产过程中产品的生产品种、生产规模等都会出现很强的随意性，从而影响了农户的农业收入。从另一个方面来看，面对强大的中间商，小农户的议价能力相对较弱，这也导致其成为农产品市场风险的主要承担者。农户议价能力弱主要原因在于农民组织能力较差，无法形成一个整体以提高市场谈判议价能力。因为担心农产品无法长期储存，回旋空间小，不少农户只能赔钱卖货。农产品的生产者和销售者之间并不是直接的一对一关系，最主要是由于农产品销售过程中需经过流通环节，农产品生产者不愿意担负中间运输费用，也就使得其议价能力弱。除此之外，农产品生产者一般知识水平有限，对农产品市场信息的辨别能力不强，空间距离和信息基础设施缺乏进一步导致信息不畅，使得农产品产销脱节。由于城镇化进程的进一步加快，我国留守农村常住居民呈现减少趋势，且多以妇女、老人和儿童为主，农村青壮年劳动力基本以外出打工为主。现有农村劳动力结构,决定了农产品生产者的科学文化素质偏低,这也极大影响了其对农产品市场、农产品价格信息等的判断预测能力。

第三,农产品流通环节质量安全隐患较为突出。我国农产品流通环节的质量安全问题不容忽视,特别是批发零售环节,存在农贸市场散装食品进货渠道不明、农村市场假冒伪劣食品泛滥、商家销售过期与仿冒食品、流动摊贩销售不合格食品等质量安全隐患。在农产品的包装仓储运输和再加工的过程中,也存在着可能被二次污染的安全隐患,特别是保鲜剂、储藏剂的滥用,以及储藏运输过程中生物毒素的产生等问题,这些潜在的危险可能严重威胁到消费者的生命健康安全。近年来国内发生的一些农产品质量安全问题,频频成为社会和群众关注的焦点。

第四,农产品物流基础设施不完善。近年来,我国农产品物流投资总额呈现稳步递增态势。2021 年,全国农产品物流投资总额为 5.0 万亿元,较 2010 年的 2.8 万亿元增长了 78.63%(见图 2-4)。农产品物流投资增长速度之所以较快,最主要的原因在于农产品物流基础设施的不完善,农产品物流组织方式不够优化,农产品流通效率较低,农产品物流费用偏高。特别是在我国农产品物流网络尚未健全的情况下,大部分农产品运输主要依赖于公路。由于公路运输成本较高,且物流设施比较简陋,现代信息技术应用滞后,导致产品运输信息不能及时传达,供销脱节时常发生。

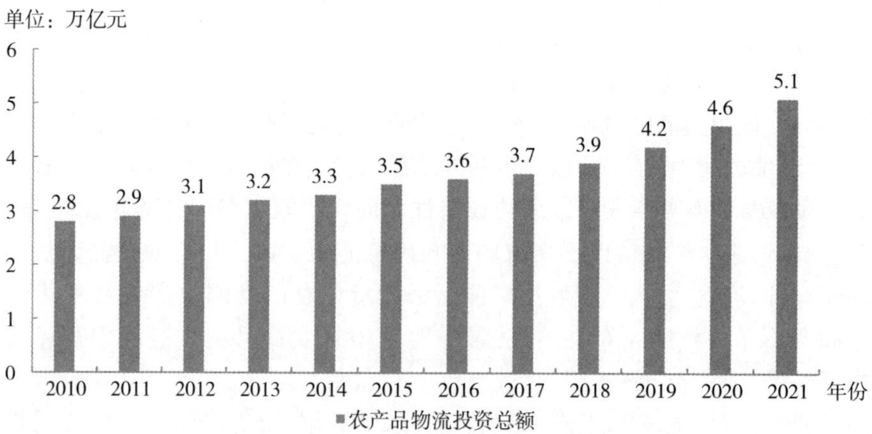

图 2-4 2010—2021 年我国农产品物流投资总额

资料来源:根据中国物流与采购联合公开数据整理。

第五，农产品市场经济体制仍不成熟，农产品市场价格扭曲。1978 年，党的十一届三中全会标志着党的工作重心已经转移到经济建设上来。1981 年，党的十一届六中全会通过的《关于建国以来党的若干历史问题的决议》也提出“以计划经济为主，市场调节为辅”的理论。1992 年，党的十四大正式确立了“我国经济体制改革的目标是社会主义市场经济体制”。自此，我国市场化体系不断成熟，并且已经建立了相对完善的社会主义市场经济体系。农产品价格的形成是市场机制作用的结果。但是，当前的市场经济体制仍有待完善，尤其农产品市场仍然存在一定的缺陷，导致农产品市场价格扭曲，不能完全反映市场状况，从而损害了农民的利益。当前，我国农产品生产领域的过度竞争、“哑铃形”的农产品市场结构和长期存在的城乡二元结构所导致的信息不对称，导致我国农产品生产端定价机制存在缺陷，从而影响了农产品的供给和农民收入的提高。农产品生产领域的过度竞争，极易产生由农产品质量信息不对称所导致的“柠檬问题”，使得低劣农产品将高质量农产品挤出并占领农产品市场。“哑铃形”农产品市场结构，使得农产品市场呈现“两头大中间小”的状态。消费者购买农副产品的最终市场上，消费者的人数众多；在生产者出售农副产品的最初市场上，生产者的人数众多；但在流通环节，相对较少，这将使得生产者难以获得消费者支付中的应得份额。城乡二元结构导致的信息不对称，也将对农产品价格市场的形成和农户的利益造成损害。

第二节　我国农产品生产与流通情况的综合评价

一、评价指标体系构建

农产品生产情况综合评价指标体系和农产品流通情况综合评价指标体系的构建应当集中体现评价活动的共性。同时还应该与研究对象相结合，要注意在评价指标体系构建过程中遵循科学性、可靠性、可比性、动态性、导向性原则，即选取的指标能够综合反映农产品生产和流通整体情况，且指标数据能够得到较为可靠来源的支撑，不同地区间同一指标具有可比性。此外，所选取的指标能够体现历史延续性，反映时代特征。

（一）农产品生产情况综合评价指标体系

农产品生产情况综合评价指标体系应当能够较为全面地反映农产品生产情况。本书考虑从农产品生产结果、农产品基本生产条件、农产品现代化生产条件、农产品生产污染情况四个方面，构建指标体系对农产品生产情况进行综合评价。

第一,从农产品生产效率水平和农产品产值、农民人均经营收入三方面就农产品生产效益情况进行分析。其中利用数据包络分析就农产品生产效率情况进行测度,通过对农产品生产效率情况分析以反映农产品生产过程的资源有效利用水平;通过农产品总产值反映农产品生产最终结果;通过农民人均经营收入反映农民通过从事农业生产经营获得的回报。

第二,就农产品基本生产条件进行评价。考虑农产品生产中劳动力、土地、水资源是最基础的投入条件,也是实现农产品生产的必要条件,为此对劳动力投入、土地投入、水资源投入等农产品生产过程中的基本条件进行综合分析,以反映农产品生产基础条件情况。

第三,就农产品生产中现代化生产条件进行评价。研究结合我国农业发展实际,考虑到农产品生产中机械应用、化肥等化学农业产品使用、农业信息化水平提升是我国现代农业农产品生产发展的重要因素。因此,以农产品生产中机械化水平,化肥、农药、农膜使用水平,信息化水平作为农业现代化生产条件的反映。

第四,考虑到农业生产中绿色发展需要,将农产品生产污染情况纳入综合评价指标体系。由于农产品生产中化肥、农药、农膜等化学农业投入品的使用是造成农业面源污染的主要来源,为此,通过运用化肥、农药、农膜的流失率来计算农业污染情况以反映农业生产污染水平。在农业污染量化计算中,参考吴小庆等(2012)的做法采用化肥污染量、农药污染量及农膜残留量估算农业面源污染水平。① 化肥污染量根据历年化肥施用量与化肥利用率数据计算得到,即化肥污染量=化肥施用量×化肥流失率。其中根据赖斯芸等(2004)、吴小庆等(2012)学者的做法,设置化肥流失率为65%、农药污染率50%、地膜残留率为10%。② 农药污染量和农膜残留率的算法类似(见表2-1)。

---

① 吴小庆、王亚平、何丽梅、陆根法:《基于AHP和DEA模型的农业生态效率评价——以无锡市为例》,《长江流域资源与环境》2012年第6期。

② 赖斯芸、杜鹏飞、陈吉宁:《基于单元分析的非点源污染调查评估方法》,《清华大学学报(自然科学版)》2004年第9期。吴小庆、王亚平、何丽梅等:《基于AHP和DEA模型的农业生态效率评价——以无锡市为例》,《长江流域资源与环境》2012年第6期。

表 2-1　农产品生产情况综合评价指标体系

一级指标	二级指标	三级指标	变量及说明	数据来源
农产品生产情况综合评价指数 A_1	农产品生产效益 A_{11}	农产品生产效率 A_{111}	基于农产品生产效率投入产出体系利用 DEA 计算获得	DEA 计算所得
		农业总产值 A_{112}	农业总产值	《中国农村统计年鉴》
		农民人均经营收入 A_{113}	农民人均经营收入	《中国统计年鉴》
	农产品基本生产条件 A_{12}	农产品生产劳动力投入 A_{121}	农业从业人员	《中国农村统计年鉴》
		农产品生产土地投入 A_{122}	农作物总播种面积	《中国农村统计年鉴》
		农产品生产灌溉投入 A_{123}	有效灌溉面积	《中国农村统计年鉴》
	农产品现代化生产条件 A_{13}	农产品生产机械动力投入 A_{131}	农业机械总动力	《中国农村统计年鉴》
		农产品生产化肥投入 A_{132}	化肥施用量	《中国农村统计年鉴》
		农产品生产农药投入 A_{133}	农药使用量	《中国农村统计年鉴》
		农产品生产农膜投入 A_{134}	农膜使用量	《中国农村统计年鉴》
		农业信息化水平 A_{135}	利用熵值法结合农村每百户居民的计算机拥有量、移动电话拥有量、彩色电视机拥有量计算	计算获得
	农产品生产污染情况 A_{14}	农产品生产污染水平 A_{141}	化肥污染量、农药污染量、农膜残留量总和（负向指标）	计算获得

（二）农产品生产效率投入产出指标体系

农产品生产效率是衡量农产品生产过程中，各种投入有效利用程度的重要指标。参考现有研究，构建农产品生产效率投入产出指标体系。在农产品生产效率投入指标选取中，研究选择了农业劳动力、土地、水资源、机械、化肥、农药、农膜等七项投入指标，其中农业劳动力投入是直接从事农产品生产相关工作的人员数量反映；土地资源和水资源是农业生产的基础，土地投入是指用来进行农产品种植的耕地数量，水资源是指农业灌溉所消耗的水资源；农药、化肥、机械、农膜等投入是现代农业生产中重要的农产品生产资源，为此，研究也将机械投入、化肥投入、农药投入、农膜投入作为农业生产中的重要投入。研究考虑以农业总产值（可比值）作为农产品生产产出指标，以反映农产品各项投入的最终成果（见表 2-2）。

表 2-2　农产品生产效率投入产出指标体系

指标类型	分类指标	变量及说明
投入指标	农产品生产劳动力投入	农业从业人员
	农产品生产土地投入	农作物总播种面积
	农产品生产灌溉投入	有效灌溉面积
	农产品生产化肥投入	化肥施用量
	农产品生产农药投入	农药使用量
	农产品生产农膜投入	农膜使用量
	农产品生产农业机械动力投入	农业机械总动力
产出指标	农业总产值	农业总产值

（三）农产品流通情况综合评价指标体系

基于农产品流通实际，结合周丹等（2016）学者成果，①同时考虑数据可得性，研究从农产品流通经济效益、农产品流通人员投入、农产品流通基础设施、农产品流通速度等四个方面对农产品流通情况进行综合评价。

农产品流通经济效益指的是农产品流通过程所产生的经济效益。研究通过农产品流通收入以及农产品流通利润总额进行反映，由于公开的统计年鉴中没有直接就这些指标进行统计，结合现有研究成果考虑以《中国贸

① 周丹、杨晓玉、姜鹏：《中国重要农产品流通现代化水平测度与实证研究——基于 2000—2014 年度省际面板数据》，《贵州财经大学学报》2016 年第 5 期。

易外经统计年鉴》中各地区限额以上农产品批发(农、林、牧批发,食品、饮料及烟草制品批发)和零售企业(零售业中食品、饮料及烟草制品的专门零售)主营业务收入之和、各地区限额以上农产品批发(农、林、牧批发,食品、饮料及烟草制品批发)和零售企业(零售业中食品、饮料及烟草制品的专门零售)利润总额之和作为替代变量。

农产品流通人员投入是农产品流通的重要人力支撑。主要通过农产品流通业就业人员进行反映,研究考虑以《中国贸易外经统计年鉴》中各地区限额以上农产品批发(农、林、牧批发,食品、饮料及烟草制品批发)和零售企业(零售业中食品、饮料及烟草制品专门零售)年末从业人数之和作为替代变量。

农产品流通基础设施是农产品得以顺利流通的基础。农产品流通基础设施指标包含了农产品流通里程强度以及农村固定资产投资、流通信息化程度三个三级指标。研究分别就农产品流通里程、固定资产情况以及农产品流通中信息化情况进行反映。其中,流通里程强度是以各省公路总长度除以各省土地面积所得,农村固定资产投资则是以各省农村住户固定资产投资额进行反映,流通信息化程度则是以各省长途光缆线路总长度除以各省土地面积所得,计算所使用数据皆来自各年度《中国统计年鉴》。

农产品流通速度衡量农产品流通渠道的效率高低。农产品在流通过程中传递速度越快、周转时间越短,流通效率自然越高。本书考虑利用农产品流通速度、农产品批发零售企业存货周转率作为农产品流通速度的替代变量,在参考现有研究基础上,基于《中国贸易外经统计年鉴》数据进行计算获得,其中农产品流通速度等于限额以上农产品批发(农、林、牧批发,食品、饮料及烟草制品批发)和零售企业(零售业中食品、饮料及烟草制品的专门零售)销售额之和除以限额以上农产品批发(农、林、牧批发,食品、饮料及烟草制品批发)和零售企业(零售业中食品、饮料及烟草制品的专门零售)流动资产之和,农产品批发零售企业存货周转率等于限额以上农产品批发(农、林、牧批发,食品、饮料及烟草制品批发)和零售企业(零售业中食品、饮料及烟草制品的专门零售)主营业务成本之和除以限额以上农产品批发(农、林、牧批发,食品、饮料及烟草制品批发)和零售企业(零售业中食品、饮料及烟草制品的专门零售)库存之和(见表2-3)。

表 2-3　农产品流通情况综合评价指标体系

一级指标	二级指标	三级指标	变量与说明	
农产品流通情况综合评价指数 A_2	农产品流通经济效益 A_{21}	农产品流通收入 A_{211}	各地区限额以上农产品批发（农、林、牧批发，食品、饮料及烟草制品批发）和零售企业（零售业中食品、饮料及烟草制品的专门零售）主营业务收入之和	《中国贸易外经年鉴》
		农产品流通企业利润额 A_{212}	各地区限额以上农产品批发（农、林、牧批发，食品、饮料及烟草制品批发）和零售企业（零售业中食品、饮料及烟草制品的专门零售）主营业务利润之和	《中国贸易外经年鉴》
	农产品流通人员投入 A_{22}	农产品流通业就业人员 A_{221}	各地区限额以上农产品批发（农、林、牧批发，食品、饮料及烟草制品批发）和零售企业（零售业中食品、饮料及烟草制品专门零售）年末从业人数之和	《中国贸易外经年鉴》
	农产品流通设施建设 A_{23}	流通里程强度 A_{231}	各省公路总长度/各省土地面积	计算获得
		农村固定资产投资 A_{232}	各省农村固定投资额	《中国统计年鉴》
		流通信息化程度 A_{233}	各省长途光缆线路总长度/各省土地面积	计算获得
	农产品流通速度 A_{24}	农产品流通速度 A_{241}	限额以上农产品批发（农、林、牧批发食品、饮料及烟草制品批发）和零售企业（零售业中食品、饮料及烟草制品的专门零售）主营业务收入之和/限额以上农产品批发（农、林、牧批发，食品、饮料及烟草制品批发）和零售企业（零售业中食品、饮料及烟草制品的专门零售）流动资产之和	计算获得
农产品流通情况综合评价指数 A_2	农产品流通设施建设 A_{25}	农产品批发零售企业存货周转率 A_{251}	限额以上农产品批发（农、林、牧批发；食品、饮料及烟草制品批发）和零售企业（零售业中食品、饮料及烟草制品的专门零售）主营业务成本之和/限额以上农产品批发（农、林、牧批发，食品、饮料及烟草制品批发）和零售企业（零售业中食品、饮料及烟草制品的专门零售）库存之和	计算获得

二、研究区域、研究方法、数据来源

（一）研究区域

考虑数据可得性和区域可比性，本书选择 2010 年至 2020 年 11 年间，辽宁、吉林、黑龙江、内蒙古、河北、山西、安徽、山东、河南、湖北、湖南、江苏、浙江、福建、江西、四川、贵州、甘肃、青海、云南、陕西、广西、宁夏、新疆、广东、海南、北京、上海、天津、重庆 30 个省级行政区域作为研究区域。西藏、台湾、香港特别行政区、澳门特别行政区由于地区农业发展特点未纳入研究范围。

（二）研究方法

1. 数据标准化处理

研究在利用熵值法进行农产品生产情况综合评价指数和农产品流通情况综合评价指数测度时容易受到指标单位干扰，为此需要对指标进行标准化处理，研究利用最大—最小值方法对数据进行标准化处理，如下所示：

$$x_{ij}^{'t} = \begin{cases} \dfrac{x_{ij}^{t} - \min(x_j)}{\max(x_j) - \min(x_j)} & \text{正向指标} \\ \dfrac{\max(x_j) - x_{ij}^{t}}{\max(x_j) - \min(x_j)} & \text{负向指标} \end{cases} \tag{2.1}$$

其中，$x_{i,j}^{t}$ 表示第 i 省第 j 个指标在 t 年的数据，$x_{ij}^{'t}$ 表示标准化后第 i 省第 j 个指标在 t 年的数据，$\max(x_j)$ 表示第 j 个指标的最大值，$\min(x_j)$ 表示第 j 个指标的最小值。

2. SBM 模型

研究拟使用 SBM 模型进行农产品生产效率的测度，并将该效率值标准化后运用于农产品生产情况综合评价指数测度中。传统的 DEA—CCR 模型和 DEA—BBC 模型采用径向和角度度量，但是如果 DUM 的输入过多或输出不足，使用径向 DEA 模型进行效率测量将导致对 DEA 模型效率的高估。为解决这一问题，托恩（Tone，2001）提出了一种非径向、非角度、基于松弛的度量（SBM）效率评估模型。① 利用 SBM 模型对 DUMk 效率进行测度可以表示为：

---

① Tone K.,"A Slacks-based Measure of Efficiency in Data Envelopment Analysis", *European Journal of Operational Research*, No. 3, 2001.

$$APE=\min\frac{1-\frac{1}{N}\sum_{1}^{N}\frac{S_n^X}{X_{kn}^t}}{1+\frac{1}{M}\sum_{1}^{M}\frac{S_m^Y}{Y_{km}^t}}$$

$$\text{s.t.}\begin{cases}\sum_{K=1}^{K}Z_K^tX_{Kn}^t+S_n^X=X_{kn}^t,n=1,2,3\cdots N\\ \sum_{K=1}^{K}Z_K^tY_{Km}^t-S_m^Y=Y_{km}^t,m=1,2,3\cdots M\\ Z_K^t\geqslant 0,S_n^X\geqslant 0,S_m^Y\geqslant 0,k=1,2,3\cdots K\end{cases}\tag{2.2}$$

其中，APE 为效率，S_n^X 表示输入的过量，S_m^Y 表示产出不足，X_{Kn}^t、Y_{Km}^t 则是 DUM_k 在 t 时期的输入和产出值。

3. 熵值法

研究拟利用熵值法对农产品生产情况综合评价指标、农产品流通情况综合评价指标权重进行确定，并进一步测度农产品生产情况综合评价指数以及农产品流通情况综合评价指数。熵值法是确定指标权重的客观方法。在信息论中，信息量越大，不确定性就越小，熵也就越小，相反信息量越小，熵越大。为此，熵值可以用来判断一个事件的随机性及无序程度，也可以用来判断某个指标的离散程度，指标的离散程度越大，该指标对综合评价的影响越大。熵值法计算指标权重的方法如下：

如果有 m 个项目待评价，给出了 n 个指标，原始数据矩阵为：

$$A^t=(x_{ij}^t)_{m\times n}=\begin{bmatrix}x_{11}&\cdots&x_{1n}\\ \vdots&\ddots&\vdots\\ x_{m1}&\cdots&x_{mn}\end{bmatrix}\tag{2.3}$$

将原始矩阵 A 进行标准化处理后决策矩阵记为 $A^{'t}=(x_{ij}^{'t})_{m\times n}$ 其信息熵为：

$$e_j=-K\sum_{j=1}^{m}p_{ij}^t\ln p_{ij}^t\tag{2.4}$$

其中 $p_{ij}^t=x_{ij}^{'t}/\sum_{i=1}^{m}x_{ij}^{'t},K=1/\ln(m\times T)$（$m$ 为省市总数，T 为总年数）

对应的第 j 个指标的熵权重 ω_j 为：

$$\omega_j=(1-e_j)/\sum_{j=1}^{n}(1-e_j)\tag{2.5}$$

最后根据各项指标得分，计算项目评分为：

$$F_i = \sum_{j=1}^{n} \omega_j x_{ij}^{'t} \tag{2.6}$$

（三）数据来源

研究所使用基础数据来自各年度《中国统计年鉴》《中国农村统计年鉴》《中国贸易外经统计年鉴》，部分数据基于基础数据计算所得。

三、农产品生产指标与农产品流通指标分析

（一）农产品生产指标分析

1. 农产品生产效益分析

研究基于 SBM 模型，利用 DEA-SLOVER PRO 软件进行计算，得到 2010—2020 年中国 30 个省、自治区、直辖市农产品生产效率，见表 2-4。由表中数据可以看出 2010—2020 年我国 30 个省、自治区、直辖市农产品生产效率均值不断提升，由 2010 年的 0.45 提升至 2020 年的 0.77，提升了 71.1%，反映出中国整体农产品生产水平的提高。就 2020 年农产品生产效率值来看，北京、天津、上海、浙江、福建、广东、海南、四川、贵州、陕西、青海、宁夏等省市达到效率前沿，即这些省市农产品生产投入冗余值为零，其农产品生产处于较高水平。其中，北京、天津、上海、浙江、福建、广东等地区属于我国经济发展速度较快地区，其农业技术先进，能够有效提升农产品生产效率；海南、四川则主要得益于劳动力优势及其较为发达的水系和适宜的温度；青海、陕西、宁夏等地较高的农产品生产效率既得益于黄河上游水系支持，同时也受到技术、规模化生产影响。虽然我国部分省市生产效率达到前沿，但是仍有部分省市农产品生产效率处于较低水平。比如，山西 2020 年农产品生产效率仅为 0.39，安徽仅为 0.45，这反映出我国不同地区间农产品生产效率存在较大差距。整体上我国农产品生产效率处于较高水平，保持了较快增长，但是仍有一定的进步空间，而且不同地区间仍存在差距。

表 2-4　2010—2020 年我国 30 个省、自治区、直辖市农产品生产效率

地区	2010	2011	2012	2013	2014	2015	2016	2017	2018	2019	2020
北京	0.60	0.63	0.62	0.67	0.68	0.77	1.00	1.00	0.70	0.74	1.00
天津	0.47	0.49	0.50	0.54	0.56	0.61	0.66	0.76	0.82	0.87	1.00
河北	0.40	0.41	0.42	0.43	0.45	0.46	0.49	0.55	0.61	0.65	0.71

续表

地区	2010	2011	2012	2013	2014	2015	2016	2017	2018	2019	2020
山西	0.24	0.25	0.25	0.26	0.26	0.27	0.30	0.33	0.34	0.35	0.39
内蒙古	0.35	0.37	0.36	0.38	0.37	0.38	0.39	0.40	0.42	0.44	0.47
辽宁	0.41	0.45	0.46	0.50	0.50	0.56	0.53	0.56	0.58	0.63	0.66
吉林	0.38	0.39	0.38	0.41	0.41	0.42	0.43	0.49	0.51	0.56	0.58
黑龙江	0.37	0.39	0.39	0.39	0.40	0.43	0.45	0.45	0.49	0.56	0.58
上海	1.00	1.00	1.00	0.85	0.82	0.66	0.63	0.67	1.00	1.00	1.00
江苏	0.47	0.49	0.49	0.51	0.53	0.56	0.57	0.60	0.63	0.66	0.69
浙江	0.48	0.49	0.52	0.52	0.55	0.57	0.63	0.68	0.76	0.86	1.00
安徽	0.29	0.29	0.29	0.29	0.31	0.32	0.33	0.36	0.37	0.39	0.45
福建	0.54	0.55	0.58	0.59	0.61	0.64	0.72	0.78	0.83	0.88	1.00
江西	0.28	0.29	0.30	0.35	0.36	0.37	0.39	0.42	0.45	0.50	0.58
山东	0.42	0.44	0.45	0.48	0.50	0.53	0.57	0.62	0.67	0.72	0.77
河南	0.39	0.39	0.40	0.41	0.42	0.45	0.48	0.52	0.56	0.61	0.69
湖北	0.38	0.39	0.40	0.42	0.43	0.45	0.49	0.52	0.56	0.60	0.66
湖南	0.41	0.42	0.42	0.42	0.44	0.45	0.47	0.50	0.52	0.60	0.64
广东	0.60	0.61	0.61	0.62	0.64	0.66	0.71	0.75	0.82	0.88	1.00
广西	0.47	0.47	0.48	0.49	0.50	0.51	0.52	0.56	0.61	0.65	0.74
海南	0.56	0.57	0.59	0.61	0.64	0.67	0.72	0.75	0.86	0.90	1.00
重庆	0.45	0.47	0.49	0.53	0.55	0.58	0.62	0.66	0.68	0.75	0.86
四川	0.50	0.52	0.54	0.56	0.59	0.60	0.68	0.72	0.79	0.89	1.00
贵州	0.40	0.37	0.37	0.41	0.43	0.45	0.49	0.53	0.59	0.69	1.00
云南	0.33	0.33	0.35	0.36	0.37	0.39	0.41	0.43	0.50	0.57	0.64
陕西	0.62	0.65	0.65	0.67	0.71	0.74	0.80	0.84	0.87	0.94	1.00
甘肃	0.31	0.30	0.30	0.31	0.32	0.33	0.37	0.43	0.47	0.47	0.55

续表

地区	2010	2011	2012	2013	2014	2015	2016	2017	2018	2019	2020
青海	0.41	0.39	0.41	0.44	0.46	0.44	0.48	0.49	0.53	0.79	1.00
宁夏	0.38	0.39	0.40	0.41	0.44	0.46	0.51	0.53	0.56	0.61	1.00
新疆	0.46	0.45	0.45	0.44	0.42	0.44	0.46	0.48	0.51	0.54	0.58
均值	0.45	0.45	0.46	0.48	0.49	0.51	0.54	0.58	0.62	0.68	0.77

资料来源:笔者计算整理所得。

就农业总产值情况来看,2010—2020 年我国 30 个省、自治区、直辖市农业总产值不断提升,由 2010 年的 30160.39 亿元提升至 2020 年的 46451.45 亿元,提升了 54.01%,反映出农产品生产成果的不断提高。就农户人均经营收入总和来看,我国 30 个省、自治区、直辖市农户人均经营收入总和由 2010 年的 84129.56 元增长到 2020 年的 175882.80 元,增长了 109.06%,显示出我国农业发展的同时,农户从事农业生产经营所得收入以较快速度不断增长。

表 2-5　2010—2020 年我国 30 个省、自治区、直辖市农业总产值(亿元)与农户人均经营收入总和(元)

年份	农业总产值	农户人均经营收入总和
2010	30160.39	84129.56
2011	31853.74	94865.01
2012	33085.60	103920.72
2013	34528.29	110956.22
2014	36028.23	124577.92
2015	37809.39	132028.28
2016	39415.60	137781.37
2017	41235.96	145794.37
2018	42787.30	155060.49
2019	44688.04	166582.80
2020	46451.45	175882.80

资料来源:笔者计算整理所得。

2. 农产品基本生产条件分析

就农产品生产的基本生产条件来看,农产品生产中劳动力投入整体上呈现下降趋势,2010—2020 年我国 30 个省、自治区、直辖市劳动力投入总和由 2010 年的 13866.80 万人降低到 2020 年的 9283.03 万人,下降了 33.06%;土地投入有所增长,由 2010 年的 1604347 平方千米增长到 2020 年的 1672150 平方千米,但是需要看到的是土地投入从 2016 年开始出现逐渐下降的趋势;灌溉投入得到了一定的增长,由 2010 年的 601327 平方千米增长到 2020 年的 688775 平方千米。

表 2-6 2010—2020 年我国 30 个省、自治区、直辖市劳动力投入(万人)与土地、灌溉投入(平方千米)

年份	劳动力投入	土地投入	灌溉投入
2010	13866.80	1604347	601327
2011	15235.37	1620417	614364
2012	15210.76	1631718	627856
2013	15058.82	1643784	632340
2014	15083.54	1651951	642955
2015	14898.97	1661209	656249
2016	15322.16	1666758	668894
2017	14119.87	1660777	675546
2018	11571.54	1656320	680071.10
2019	13301.13	1656591.30	684027
2020	9283.03	1672150	688775

资料来源:笔者计算整理所得。

3. 农产品现代化生产条件分析

就农产品现代化生产条件来看,农产品生产机械动力投入整体上有所增长,30 个省、自治区、直辖市农产品生产机械动力投入总和由 2010 年的 92402.70 万千瓦增长到 2020 年的 105045.40 万千瓦,但是需要注意的是农产品生产机械动力投入总和在 2015 年达到最高值,为 111108.50 万千瓦,而后有所下降,在 2019 年再次上升;农产品生产中化肥投入呈现先增后降的趋势,整体上有所增长,2015 年 30 个省、自治区、直辖市农产品生产化肥投入总和达到最高值为 6016. 50 万吨，而后逐年降低；农产品生产中农药投入同样呈现先增后降的趋势，整体上有所下降，2014 年 30 个省、自治区、直辖市农产品生产农药投入总和达到最高值为 180. 59 万吨，而后逐年降低，2020 年 30 个省、自治区、直辖市农产品生产农药投入为 131. 26 万吨，比 2010 年降低 44. 56 万吨；农产品生产中农膜投入同样呈现先升再降的趋势，整体上有所增长，2015 年 30 个省、自治区、直辖市农产品生产农膜投入总和达到最高值为 260. 17 万吨，而后逐年降低。

表 2-7　2010—2020 年我国 30 个省、自治区、直辖市机械动力投入（万千瓦）与化肥、农药、农膜投入（万吨）

年份	机械动力投入	化肥投入	农药投入	地膜投入
2010	92402. 70	5557. 10	175. 82	217. 21
2011	97306. 70	5699. 40	178. 60	229. 35
2012	102094. 20	5833. 90	180. 51	238. 19
2013	103389. 70	5906	180. 08	249. 18
2014	107485. 80	5991	180. 59	257. 85
2015	111108. 50	6016. 50	178. 19	260. 17
2016	96610. 90	5978. 40	173. 94	260. 08
2017	98260. 30	5853. 90	165. 40	252. 65
2018	99825. 97	5648. 23	150. 26	246. 30
2019	102199. 24	5398. 80	139. 09	240. 62
2020	105045. 40	5246. 50	131. 26	238. 68

资料来源：笔者计算整理所得。

利用熵值法结合 2010—2020 年我国 30 个省、自治区、直辖市农村每百户居民的移动电话拥有量、彩色电视机、计算机拥有量等数据进行计算，得到指标权重（权重相加不等于 1 是因为取得近似值）：移动电话拥有量权重≈0. 12；彩色电视机拥有量≈0. 45；计算机拥有量≈0. 43。结合信息化水平各指标权重（计算时使用原值而非近似值）以及指标原始数据进行计算，可以得到农产品生产信息化水平指数，结果见表 2-8。

表 2-8 2010—2020 年我国 30 个省、自治区、直辖市农产品生产信息化水平指数

地区	2010	2011	2012	2013	2014	2015	2016	2017	2018	2019	2020
北京	0.62	0.64	0.67	0.67	0.66	0.66	0.73	0.73	0.67	0.67	0.68
天津	0.25	0.40	0.46	0.46	0.43	0.43	0.51	0.52	0.42	0.41	0.41
河北	0.17	0.33	0.37	0.37	0.42	0.42	0.44	0.45	0.41	0.41	0.40
山西	0.13	0.25	0.29	0.29	0.29	0.29	0.31	0.31	0.27	0.28	0.27
内蒙古	0.07	0.17	0.19	0.19	0.25	0.25	0.28	0.29	0.27	0.27	0.28
辽宁	0.16	0.22	0.24	0.24	0.31	0.31	0.36	0.37	0.30	0.30	0.30
吉林	0.15	0.25	0.30	0.30	0.36	0.36	0.36	0.35	0.31	0.31	0.31
黑龙江	0.17	0.22	0.24	0.24	0.27	0.27	0.28	0.29	0.24	0.25	0.26
上海	0.85	0.74	0.75	0.75	0.57	0.57	0.68	0.70	0.57	0.62	0.59
江苏	0.31	0.48	0.55	0.55	0.55	0.55	0.61	0.63	0.53	0.51	0.53
浙江	0.59	0.63	0.68	0.68	0.63	0.63	0.69	0.74	0.70	0.71	0.72
安徽	0.16	0.19	0.23	0.23	0.30	0.30	0.33	0.36	0.40	0.42	0.44
福建	0.35	0.45	0.49	0.49	0.49	0.49	0.50	0.49	0.45	0.48	0.48
江西	0.12	0.22	0.26	0.26	0.35	0.35	0.36	0.38	0.38	0.40	0.40
山东	0.23	0.29	0.34	0.34	0.35	0.35	0.37	0.39	0.37	0.40	0.40
河南	0.14	0.23	0.26	0.26	0.32	0.32	0.37	0.38	0.36	0.37	0.39
湖北	0.15	0.25	0.29	0.29	0.35	0.35	0.36	0.37	0.41	0.42	0.43
湖南	0.06	0.18	0.21	0.21	0.29	0.29	0.31	0.33	0.36	0.37	0.38
广东	0.29	0.37	0.39	0.39	0.41	0.41	0.45	0.48	0.43	0.44	0.45
广西	0.09	0.20	0.21	0.21	0.28	0.28	0.31	0.33	0.28	0.31	0.30
海南	0.07	0.13	0.15	0.15	0.20	0.20	0.22	0.23	0.21	0.24	0.23
重庆	0.07	0.18	0.21	0.21	0.27	0.27	0.30	0.30	0.30	0.32	0.33
四川	0.10	0.15	0.17	0.17	0.23	0.23	0.27	0.29	0.28	0.30	0.31
贵州	0.01	0.07	0.09	0.09	0.19	0.19	0.23	0.26	0.21	0.24	0.24
云南	0.06	0.12	0.14	0.14	0.16	0.16	0.18	0.19	0.21	0.21	0.22
陕西	0.15	0.25	0.27	0.27	0.31	0.31	0.34	0.35	0.24	0.24	0.25
甘肃	0.09	0.15	0.18	0.18	0.24	0.24	0.26	0.27	0.33	0.30	0.31
青海	0.07	0.15	0.19	0.19	0.25	0.25	0.25	0.26	0.20	0.24	0.26
宁夏	0.20	0.26	0.30	0.30	0.34	0.34	0.33	0.34	0.32	0.34	0.36
新疆	0.01	0.11	0.13	0.13	0.17	0.17	0.20	0.20	0.18	0.19	0.21
均值	0.20	0.28	0.31	0.31	0.34	0.34	0.37	0.39	0.35	0.37	0.37

资料来源:笔者计算整理所得。

由表 2-8 可以看出，从 2010 年到 2020 年我国农产品生产信息化水平整体上得到较快提升，农产品生产信息化水平平均指数由 2010 年的 0.20 提升到 2020 年的 0.37，提升了 85%。2018 年、2019 年、2020 年农产品生产信息化水平相比 2017 年有所下降可能是由于农村地区人口流失等原因造成了相应信息化设备的减少。此外，我国地区间农产品生产领域信息化发展存在较大差距。以 2020 年为例，农产品生产信息化水平指数最高的浙江为 0.72，而最低的新疆仅为 0.21，相差 0.51。整体上来看我国农产品生产领域信息化建设取得了长足的进步，但是仍存在较大进步空间，且不同地区间信息鸿沟巨大，将进一步制约落后地区农业发展。为此，必须继续推进农业信息化建设，并推动地区间协调发展，加大对信息落后地区的资金、技术扶持。

4. 农产品生产污染情况分析

从农产品生产污染情况来看，2010—2020 年间我国农业污染呈现先升后降的发展变化趋势，在 2015 年 30 个省、自治区、直辖市农产品生产污染排放达到最高值为 4025.84 万吨，而后逐渐降低。整体上我国农产品生产污染有所缓解，2020 年 30 个省、自治区、直辖市农产品生产污染排放为 3499.72 万吨，但相比于 2010 年的 3721.75 万吨仅减少了 5.97%。

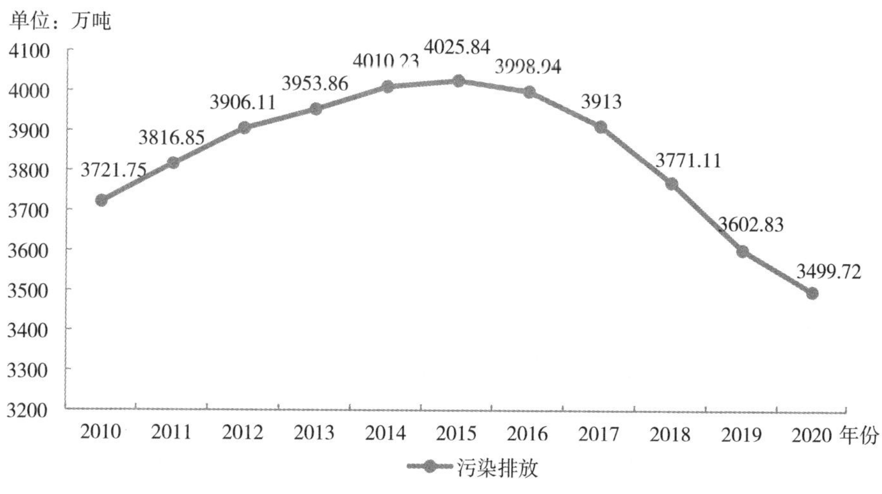

图 2-5　2010—2020 年我国 30 个省、自治区、直辖市污染排放总和

资料来源：笔者计算整理所得。

（二）农产品流通指标分析

1. 农产品流通经济效益分析

就农产品流通经济效益来看，2010—2020年我国30个省、自治区、直辖市农产品流通经济效益得到了较快提升。其中农产品流通收入由2010年的21955.74亿元增长到2020年的76404.73亿元，提升了247.99%；从利润来看，农产品流通利润由2010年的1682.02亿元增长到2020年的4307.02亿元，提升了156.06%。

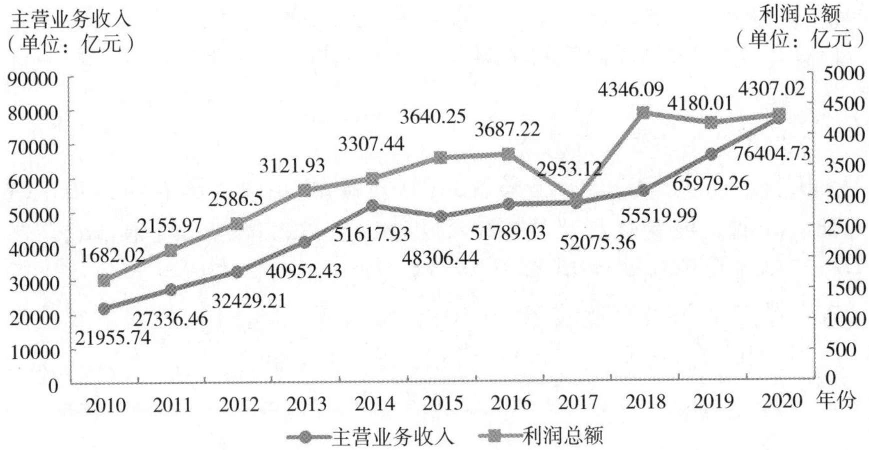

图2-6 2010—2020年我国30个省、自治区、直辖市农产品流通经济效益

资料来源：笔者计算整理所得。

2. 农产品流通人员投入分析

就农产品流通人员投入来看，2010—2020年我国30个省、自治区、直辖市农产品流通从业人员数量有所波动，但是整体呈现上升趋势，从业人员数量由2010年的1061544人增长到2020年的1674148人，增长了57.71%，显示出我国农产品流通业的发展为就业作出了重要贡献。

3. 农产品流通设施建设分析

就农产品流通设施建设情况来看，2010—2020年我国30个省、自治区、直辖市农产品流通设施建设情况稳中有升。其中，流通里程强度由2010年的0.83提升到2020年的1.04，这主要得益于我国各地公路里程的不断增加；流通信息化程度由2010年的0.17提升至2020年的0.21，主要得益于各地长途光缆的铺设。

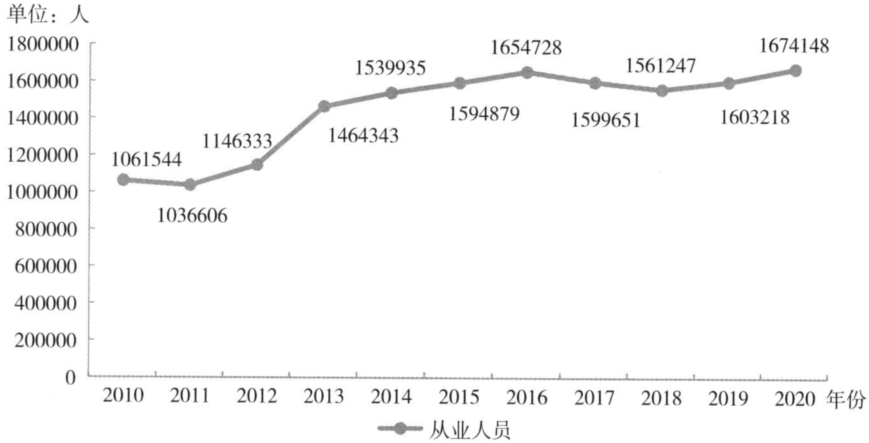

图 2-7　2010—2020 年我国 30 个省、自治区、直辖市从业人员

资料来源：笔者计算整理所得。

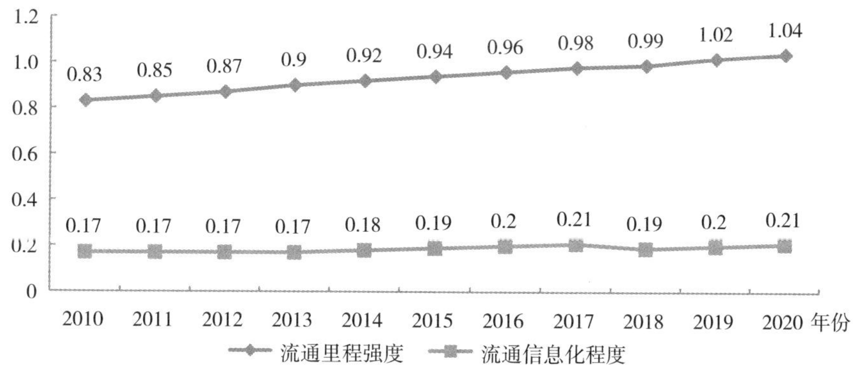

图 2-8　2010—2020 年我国 30 个省、自治区、直辖市农产品流通设施建设情况

资料来源：笔者计算整理所得。

就农村固定资产投资来看，2010—2020 年中国 30 个省、自治区、直辖市农村固定资产投资总和得到了较快的提升，由 2010 年的 7886 亿元增长到 2020 年的 8841 亿元，提升了 12.11%。

4. 农产品流通速度分析

就农产品流通速度情况来看，2010—2020 年我国 30 个省、自治区、直辖市农产品流通速度无明显提升，虽然这些年农产品流通设施建设得到了一定发展，但是农产品流通业务也在迅速提升，农产品流通设施建设速度相

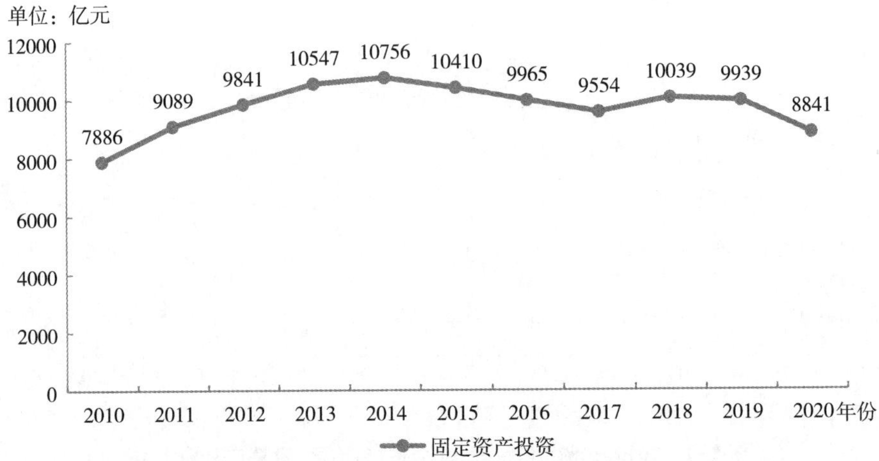

图 2-9 2010—2020 我国 30 个省、自治区、直辖市固定资产投资总额

资料来源:笔者计算整理所得。

对于农产品流通业务提升速度较为缓慢,严重制约了农产品流通速度的进一步提升。

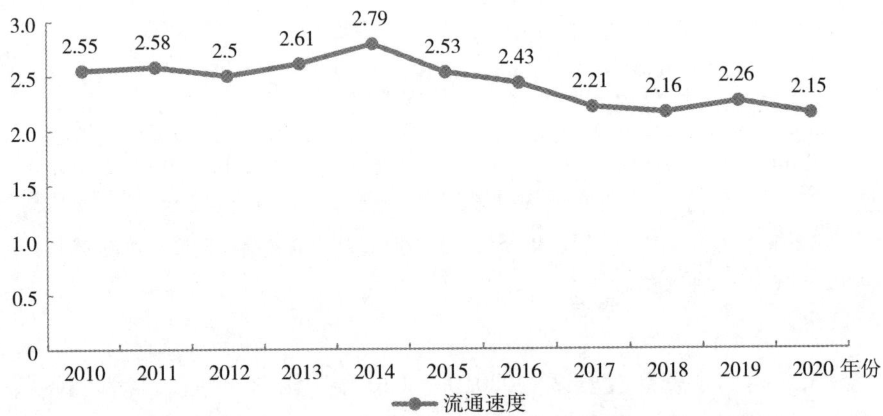

图 2-10 2010—2020 年我国 30 个省、自治区、直辖市农产品流通速度

资料来源:笔者计算整理所得。

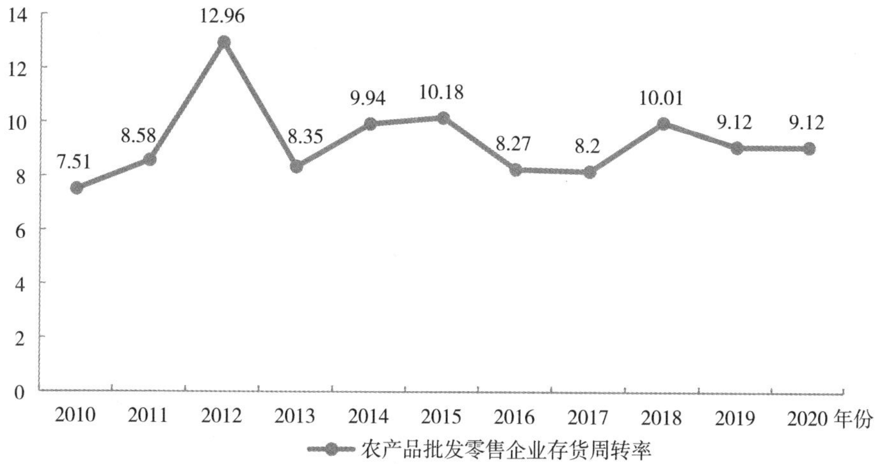

图 2-11　2010—2020 年我国 30 个省、自治区、直辖市农产品批发零售企业存货周转率

资料来源:笔者计算整理所得。

四、农产品生产与流通情况综合评价指数分析

(一)农产品生产情况综合评价指数分析

利用熵值法结合农产品生产情况综合评价指标体系各指标数据进行计算,得到各指标权重:农产品生产效率权重≈0. 06;农业总产值权重≈0. 10;农民人均经营收入权重≈0. 03;农产品生产劳动力投入权重≈0. 10;农产品生产土地投入权重≈0. 09;农产品生产灌溉投入权重≈0. 11;农产品生产机械动力投入权重≈0. 12;农产品生产化肥投入权重≈0. 10;农产品生产农药投入权重≈0. 11;农产品生产农膜投入权重≈0. 14;农业信息化水平权重≈0. 04;农产品生产污染水平权重≈0. 02。结合农产品生产情况综合评价指标体系各指标权重(计算时使用原值而非近似值)以及指标原始数据进行计算,可以得到农产品生产情况综合评价指数,结果见表 2-9。

表 2-9　2010—2020 年我国 30 个省、自治区、直辖市农产品生产情况综合评价指数

地区	2010	2011	2012	2013	2014	2015	2016	2017	2018	2019	2020
北京	0. 09	0. 09	0. 09	0. 09	0. 09	0. 10	0. 12	0. 12	0. 09	0. 09	0. 11
天津	0. 08	0. 08	0. 09	0. 09	0. 09	0. 10	0. 11	0. 11	0. 11	0. 11	0. 12
河北	0. 45	0. 47	0. 48	0. 48	0. 49	0. 49	0. 47	0. 46	0. 46	0. 45	0. 44

续表

地区	2010	2011	2012	2013	2014	2015	2016	2017	2018	2019	2020
山西	0. 16	0. 17	0. 18	0. 18	0. 18	0. 19	0. 18	0. 17	0. 17	0. 17	0. 17
内蒙古	0. 23	0. 24	0. 25	0. 26	0. 27	0. 28	0. 29	0. 30	0. 30	0. 30	0. 30
辽宁	0. 22	0. 23	0. 24	0. 24	0. 25	0. 26	0. 25	0. 26	0. 26	0. 26	0. 26
吉林	0. 21	0. 23	0. 24	0. 24	0. 26	0. 27	0. 28	0. 28	0. 28	0. 28	0. 29
黑龙江	0. 35	0. 37	0. 39	0. 42	0. 43	0. 44	0. 46	0. 47	0. 47	0. 47	0. 47
上海	0. 12	0. 12	0. 12	0. 11	0. 10	0. 09	0. 09	0. 09	0. 11	0. 11	0. 11
江苏	0. 38	0. 39	0. 40	0. 40	0. 41	0. 41	0. 41	0. 42	0. 41	0. 41	0. 42
浙江	0. 22	0. 23	0. 23	0. 23	0. 23	0. 23	0. 23	0. 24	0. 24	0. 24	0. 25
安徽	0. 39	0. 40	0. 40	0. 42	0. 43	0. 43	0. 43	0. 43	0. 43	0. 43	0. 42
福建	0. 19	0. 20	0. 21	0. 21	0. 22	0. 22	0. 23	0. 23	0. 23	0. 23	0. 24
江西	0. 25	0. 26	0. 27	0. 25	0. 26	0. 27	0. 27	0. 27	0. 27	0. 26	0. 26
山东	0. 63	0. 64	0. 65	0. 65	0. 66	0. 67	0. 65	0. 64	0. 64	0. 64	0. 64
河南	0. 62	0. 65	0. 66	0. 66	0. 68	0. 69	0. 69	0. 69	0. 69	0. 69	0. 65
湖北	0. 38	0. 40	0. 40	0. 40	0. 41	0. 41	0. 41	0. 41	0. 41	0. 41	0. 40
湖南	0. 36	0. 39	0. 40	0. 41	0. 42	0. 43	0. 44	0. 43	0. 43	0. 43	0. 42
广东	0. 31	0. 33	0. 33	0. 33	0. 34	0. 35	0. 36	0. 36	0. 35	0. 35	0. 34
广西	0. 27	0. 28	0. 29	0. 30	0. 31	0. 32	0. 33	0. 33	0. 34	0. 34	0. 33
海南	0. 11	0. 12	0. 12	0. 12	0. 13	0. 13	0. 13	0. 14	0. 14	0. 14	0. 15
重庆	0. 14	0. 15	0. 15	0. 16	0. 16	0. 17	0. 17	0. 17	0. 18	0. 18	0. 19
四川	0. 35	0. 36	0. 37	0. 38	0. 39	0. 39	0. 41	0. 42	0. 42	0. 43	0. 43
贵州	0. 16	0. 17	0. 18	0. 18	0. 19	0. 20	0. 20	0. 21	0. 21	0. 22	0. 23
云南	0. 24	0. 26	0. 28	0. 28	0. 30	0. 30	0. 31	0. 31	0. 31	0. 31	0. 31
陕西	0. 20	0. 21	0. 22	0. 22	0. 23	0. 24	0. 24	0. 25	0. 25	0. 25	0. 25
甘肃	0. 19	0. 21	0. 22	0. 23	0. 24	0. 24	0. 24	0. 23	0. 23	0. 35	0. 23
青海	0. 05	0. 05	0. 06	0. 06	0. 06	0. 06	0. 07	0. 07	0. 07	0. 09	0. 11
宁夏	0. 07	0. 08	0. 09	0. 09	0. 09	0. 10	0. 10	0. 10	0. 10	0. 11	0. 14

续表

地区	2010	2011	2012	2013	2014	2015	2016	2017	2018	2019	2020
新疆	0.23	0.25	0.26	0.28	0.31	0.32	0.32	0.33	0.33	0.34	0.34
均值	0.25	0.27	0.28	0.28	0.29	0.29	0.30	0.30	0.30	0.30	0.30

资料来源:笔者计算整理所得。

由表2-9可知,我国30个省、自治区、直辖市农产品生产情况综合评价指数均值由2010年的0.25逐渐提升到2020年的0.30,反映我国农产品生产情况整体稳步改善。就各地情况来看,不同地区间农产品生产情况差距较大。河南、山东等传统农业大省指数较高,其2020年农产品生产情况综合评价指数高于0.50。经济较为发达的北京、天津、上海等直辖市以及自然环境较为恶劣的海南、青海、宁夏指数较低。指数测度的整体结果与现实情况较为一致,显示出分析结果具有一定的现实性与可信性。山东、河南等省份具有较为充足的农业劳动力以及农用土地,且地势平坦适宜采取机械化生产,各种农产品生产资源较为充足,因此农产品生产整体水平较高。北京、天津、上海等地区虽然技术先进,但是其土地资源紧张,农业劳动力相对价格较高且数量较少,影响了农产品生产。海南、青海与宁夏则主要是受到自然环境影响,且其劳动力资源及技术支撑相对不足,难以有效保障农产品生产。

(二)农产品流通情况综合评价指数分析

利用熵值法结合农产品流通情况综合评价指标体系各指标数据进行计算,得到各指标权重:农产品流通收入权重≈0.17;农产品流通企业利润额权重≈0.20;农产品流通业就业人员权重≈0.14;流通里程强度权重≈0.09;农村固定资产投资权重≈0.12;流通信息化程度权重≈0.11;农产品流通速度权重≈0.05;农产品批发零售企业存货周转率权重≈0.13。结合农产品流通情况综合评价指标体系各指标权重(计算时使用原值而非近似值)以及指标原始数据进行计算可以得到农产品流通情况综合评价指数,结果见表2-10。

表2-10　2010—2020年我国30个省、自治区、直辖市农产品流通情况综合评价指数

地区	2010	2011	2012	2013	2014	2015	2016	2017	2018	2019	2020
北京	0.17	0.19	0.19	0.21	0.20	0.22	0.22	0.25	0.26	0.29	0.32

续表

地区	2010	2011	2012	2013	2014	2015	2016	2017	2018	2019	2020
天津	0.12	0.12	0.13	0.14	0.15	0.15	0.15	0.15	0.15	0.16	0.18
河北	0.15	0.18	0.18	0.19	0.18	0.18	0.16	0.17	0.16	0.17	0.16
山西	0.14	0.13	0.14	0.15	0.15	0.15	0.14	0.14	0.14	0.13	0.13
内蒙古	0.06	0.07	0.07	0.06	0.07	0.06	0.06	0.05	0.05	0.06	0.06
辽宁	0.12	0.13	0.14	0.15	0.15	0.15	0.13	0.12	0.13	0.15	0.15
吉林	0.09	0.09	0.09	0.09	0.09	0.08	0.08	0.08	0.09	0.08	0.08
黑龙江	0.09	0.1	0.1	0.11	0.26	0.10	0.10	0.08	0.08	0.09	0.1
上海	0.24	0.26	0.28	0.28	0.33	0.35	0.36	0.39	0.37	0.44	0.48
江苏	0.24	0.26	0.27	0.35	0.35	0.36	0.35	0.35	0.36	0.36	0.38
浙江	0.24	0.26	0.27	0.28	0.31	0.30	0.31	0.30	0.35	0.38	0.38
安徽	0.17	0.18	0.2	0.22	0.24	0.24	0.23	0.24	0.26	0.25	0.25
福建	0.15	0.16	0.18	0.19	0.21	0.23	0.24	0.25	0.33	0.27	0.28
江西	0.12	0.13	0.14	0.15	0.15	0.14	0.15	0.15	0.16	0.18	0.18
山东	0.31	0.33	0.39	0.45	0.46	0.45	0.47	0.39	0.36	0.36	0.39
河南	0.26	0.27	0.29	0.31	0.33	0.35	0.39	0.31	0.28	0.28	0.28
湖北	0.17	0.19	0.22	0.27	0.28	0.27	0.28	0.26	0.30	0.29	0.26
湖南	0.16	0.18	0.19	0.25	0.25	0.25	0.26	0.25	0.26	0.27	0.28
广东	0.26	0.3	0.31	0.37	0.38	0.41	0.43	0.45	0.46	0.51	0.54
广西	0.11	0.12	0.13	0.14	0.15	0.16	0.16	0.17	0.18	0.18	0.19
海南	0.07	0.08	0.2	0.08	0.08	0.09	0.08	0.09	0.08	0.10	0.1
重庆	0.14	0.16	0.15	0.16	0.18	0.21	0.20	0.20	0.20	0.21	0.22
四川	0.17	0.17	0.19	0.21	0.23	0.22	0.23	0.23	0.24	0.28	0.29
贵州	0.12	0.15	0.17	0.2	0.18	0.23	0.25	0.16	0.36	0.34	0.34
云南	0.12	0.14	0.16	0.18	0.21	0.19	0.21	0.21	0.23	0.21	0.22
陕西	0.11	0.12	0.14	0.15	0.15	0.16	0.16	0.16	0.17	0.17	0.16
甘肃	0.05	0.05	0.06	0.07	0.07	0.10	0.10	0.07	0.07	0.07	0.08

续表

地区	2010	2011	2012	2013	2014	2015	2016	2017	2018	2019	2020
青海	0.03	0.06	0.07	0.06	0.09	0.07	0.05	0.05	0.04	0.05	0.04
宁夏	0.05	0.05	0.05	0.06	0.07	0.08	0.07	0.07	0.07	0.08	0.08
新疆	0.04	0.06	0.08	0.1	0.10	0.09	0.09	0.09	0.10	0.10	0.1
均值	0.14	0.16	0.17	0.19	0.20	0.20	0.20	0.20	0.21	0.22	0.22

资料来源:笔者计算整理所得。

由表2-10可知,2010—2020年我国30个省、自治区、直辖市农产品流通情况综合评价指数整体上呈现增长趋势,由2010年的0.14增长到2020年的0.22,提升了57.14%,显示出我国农产品流通领域整体情况的改善。但是,从总体来看农产品流通情况的综合评价指数仍处于较低水平,反映出我国农产品流通领域依然存在较大的进步空间。就不同地区情况来看,2020年农产品流通情况综合评价指数排名前五的为广东、上海、山东、浙江、江苏,这些都是我国经济发展速度较快的地区,流通基础设施较好,农产品物流发展具有资金、劳动力、技术等多方面支持;排名靠后的是青海、内蒙古、甘肃、吉林等,这些地区相对而言经济发展较为缓慢,且地域较为辽阔,人口相对稀少,农产品物流发展受到制约。

第三节　我国农产品生产与流通的协调度分析

一、研究方法

耦合协调度模型能够真实反映两个系统之间的协同效应和协同程度,得到了较为广泛的应用。研究利用该模型就农产品生产与流通的协调情况进行研究。构建农产品生产(P)与农产品流通(C)耦合度模型,基本公式如下:

$$Z = \left[\frac{P \times C}{(P + C)^2}\right]^{\frac{1}{2}} \tag{2.7}$$

其中,Z为农产品生产与流通的耦合度。考虑到耦合稳定性,在耦合模型基础上进一步引入协调度模型:

$$D = (Z \times T)^{1/2} \tag{2.8}$$

$$T = \alpha P + \beta C \tag{2.9}$$

其中,D 表示农产品生产与流通的耦合协调度,取值[0,1],若 D 接近于1,说明农产品生产与流通相互协调程度越紧密。其中,T 为综合发展指数,α、β 为农产品生产与农产品流通的待定系数,考虑两者都较为重要,故都设为0.5。

为了更清晰地分析农产品生产与流通间协调情况,参考现有研究(罗小峰、袁青,2017),对耦合协调度进行等级区间划分,见表2-11。①

表 2-11 耦合协调度等级划分标准

耦合协调度区间	协调等级	耦合协调度区间	协调等级
0.00—0.09	极度失调	0.50—0.59	勉强协调
0.10—0.19	严重失调	0.60—0.69	初级协调
0.20—0.29	中度失调	0.70—0.79	中级协调
0.30—0.39	轻度失调	0.80—0.89	良好协调
0.40—0.49	濒临失调	0.90—0.99	优质协调

二、农产品生产与流通协调度测度与分析

利用上文测度获得的农产品生产情况综合评价指数以及农产品流通情况综合评价指数依据耦合协调度模型进行计算,得到2010—2020年我国30个省、自治区、直辖市农产品生产与流通协调度,见表2-12。

表 2-12 2010—2020 年我国 30 个省、自治区、直辖市农产品生产与流通协调度

地区	2010	2011	2012	2013	2014	2015	2016	2017	2018	2019	2020
北京	0.24	0.25	0.25	0.26	0.26	0.27	0.28	0.29	0.28	0.28	0.30
天津	0.22	0.23	0.23	0.24	0.24	0.25	0.25	0.25	0.25	0.26	0.28
河北	0.36	0.38	0.38	0.39	0.39	0.39	0.37	0.37	0.37	0.37	0.37
山西	0.27	0.27	0.28	0.29	0.29	0.29	0.28	0.28	0.28	0.28	0.27
内蒙古	0.24	0.25	0.26	0.25	0.26	0.26	0.26	0.25	0.25	0.26	0.26

① 罗小锋、袁青:《新型城镇化与农业技术进步的时空耦合关系》,《华南农业大学学报(社会科学版)》2017年第2期。

续表

地区	2010	2011	2012	2013	2014	2015	2016	2017	2018	2019	2020
辽宁	0. 28	0. 29	0. 30	0. 31	0. 31	0. 31	0. 30	0. 30	0. 30	0. 31	0. 32
吉林	0. 26	0. 26	0. 27	0. 27	0. 28	0. 28	0. 27	0. 27	0. 28	0. 27	0. 28
黑龙江	0. 29	0. 31	0. 31	0. 33	0. 41	0. 33	0. 33	0. 31	0. 31	0. 32	0. 33
上海	0. 29	0. 30	0. 30	0. 29	0. 30	0. 29	0. 30	0. 30	0. 32	0. 33	0. 34
江苏	0. 39	0. 40	0. 41	0. 43	0. 43	0. 44	0. 44	0. 44	0. 44	0. 44	0. 45
浙江	0. 34	0. 35	0. 35	0. 36	0. 37	0. 36	0. 36	0. 36	0. 38	0. 39	0. 39
安徽	0. 36	0. 37	0. 38	0. 39	0. 40	0. 40	0. 40	0. 40	0. 41	0. 41	0. 40
福建	0. 29	0. 30	0. 31	0. 32	0. 33	0. 34	0. 34	0. 34	0. 37	0. 35	0. 36
江西	0. 30	0. 31	0. 31	0. 31	0. 32	0. 31	0. 31	0. 32	0. 32	0. 33	0. 33
山东	0. 47	0. 48	0. 50	0. 52	0. 53	0. 52	0. 52	0. 50	0. 49	0. 49	0. 50
河南	0. 45	0. 46	0. 47	0. 48	0. 49	0. 50	0. 51	0. 48	0. 47	0. 47	0. 46
湖北	0. 36	0. 37	0. 38	0. 41	0. 41	0. 41	0. 41	0. 40	0. 42	0. 42	0. 40
湖南	0. 35	0. 36	0. 37	0. 40	0. 40	0. 41	0. 41	0. 41	0. 41	0. 41	0. 41
广东	0. 38	0. 40	0. 40	0. 42	0. 43	0. 44	0. 44	0. 45	0. 45	0. 46	0. 46
广西	0. 29	0. 30	0. 31	0. 32	0. 33	0. 34	0. 34	0. 34	0. 35	0. 36	0. 36
海南	0. 21	0. 22	0. 28	0. 22	0. 23	0. 24	0. 23	0. 23	0. 23	0. 24	0. 25
重庆	0. 26	0. 28	0. 27	0. 28	0. 29	0. 31	0. 31	0. 31	0. 31	0. 31	0. 32
四川	0. 35	0. 35	0. 36	0. 38	0. 39	0. 39	0. 39	0. 39	0. 40	0. 42	0. 42
贵州	0. 27	0. 28	0. 30	0. 31	0. 31	0. 33	0. 34	0. 30	0. 37	0. 37	0. 37
云南	0. 29	0. 31	0. 32	0. 34	0. 35	0. 35	0. 35	0. 36	0. 37	0. 36	0. 36
陕西	0. 27	0. 28	0. 29	0. 30	0. 31	0. 31	0. 31	0. 32	0. 32	0. 32	0. 32
甘肃	0. 22	0. 23	0. 24	0. 25	0. 25	0. 28	0. 28	0. 25	0. 25	0. 28	0. 26
青海	0. 14	0. 17	0. 18	0. 17	0. 19	0. 18	0. 17	0. 17	0. 17	0. 18	0. 18
宁夏	0. 17	0. 18	0. 18	0. 19	0. 20	0. 21	0. 20	0. 21	0. 21	0. 22	0. 23
新疆	0. 22	0. 24	0. 27	0. 29	0. 29	0. 29	0. 29	0. 30	0. 30	0. 31	0. 30

续表

地区	2010	2011	2012	2013	2014	2015	2016	2017	2018	2019	2020
均值	0.29	0.31	0.32	0.32	0.33	0.33	0.33	0.33	0.33	0.34	0.34

资料来源:笔者计算整理所得。

由表2-12可知,2010—2020年我国30个省、自治区、直辖市农产品生产与流通协调度均值整体有所增长,但是增长较为缓慢,直到2019年才增长至0.34。就协调度区间来看,2010—2020年我国30个省、自治区、直辖市农产品生产与流通协调度均值整体处于轻度失调区间,反映出我国农产品生产与流通间存在着诸多问题制约,农产品生产与流通难以实现协调发展。就2020年情况来看,仅有山东农产品生产与流通协调度达到了勉强协调的水平,其余地区都处于失调状态;处于濒临失调的有7个,分别是江苏、安徽、河南、湖北、湖南、广东、四川;处于轻度失调的有14个,分别是北京、河北、辽宁、黑龙江、上海、浙江、福建、江西、广西、重庆、贵州、云南、陕西、新疆;处于中度失调的有7个,分别是天津、山西、内蒙古、吉林、海南、甘肃、宁夏;处于严重失调的有1个,是青海。综上,整体上来看,我国农产品生产与流通发展不协调,存在较大改进空间,地区间差距较大,山东农产品生产与流通协调水平最高。

第四节　我国农产品生产与流通协调存在的问题及成因

通过前文分析可知,我国农产品生产与流通发展不协调,且各自存在一定问题,下面就我国农产品生产与流通不协调的主要表现进行进一步分析,并就其原因进行深入探讨。

一、农产品生产与流通之间关系不协调的主要表现

(一)农产品生产与流通发展体系不适应

当前,我国农产品生产主体主要以农户为主,生产规模较小且为数众多,决策分散且随意性较大。但伴随着农业生产方式的革新,新的农产品生产模式开始涌现,农户介入农产品流通渠道的形态也在变化。但是,农产品生产模式与流通体系之间依然表现出极大的不适应性。具体而言,农产品生产模式与流通体系的不适应性主要表现在以下两个方面:

一方面，农户的分散性特征降低了农产品流通体系的效率。长期以来，我国形成了农民类聚的特征。但是，这种类聚在整体而言，表现出了较为突出的分散性。从居住空间范围来看，都是某一村落和某一村落分散于各处，一个自然村往往有多个居住点。特别是在人民公社时期，一个大队有十多个小队，小队下面还有组，分散的距离较远，村里开会要通知到各户，只能通过高音广播喇叭通知。虽然改革开放以来，我国对农村的支持力度持续加大，但是对于偏远山区而言，农户出行依旧比较困难，农户散居状态依旧存在。农户为主体的农产品生产，生产规模小而分散，在与农产品流通体系对接时，必然使得批发商的收购层次增加，多级收购不仅造成流通体系效率损失，相应的流通成本也会成倍增加。特别是针对部分基础设施建设较差的偏远村落，其农产品具有典型的地域特色，而且具有较强的消费需求，但是因为交通不便，导致了优质农产品无法满足城镇居民的生活需要，这就必然会加大中间流通环节的成本。总而言之，分散化的农产品生产者分布状态，极大提高了农产品流通市场的成本。

另一方面，农户小而分散，其抵御风险的能力较弱。由于农产品的生产带有明显的季节性和集中性，如果错失供给季节，农民就会遭受损失。我国农民的分散式居住，导致了其对外部信息了解不畅，信息不对称下的市场必然对生产者带来不利影响。而大多数农民又没有专业化的知识和对市场的灵敏判断，只能通过经验来决定种植农产品的种类、规模以及种植技术，但是这种判断往往不利于把握市场，容易带来不必要的损失。另外，批发商尤其是规模较大的坐地商在农产品市场上相对于农户具有较强的垄断力，致使在此过程中产生的风险更多地由风险抵御能力较弱的农户承担。批发商利用农户对外界信息的不清晰，以及对外部市场把握的不灵敏，坐地起价，尽力压低农产品的收购价格，进而转手以高价卖入消费市场，从而增加中间剪刀差，谋取高额经济利益。

（二）农产品生产与流通发展模式不匹配

除了上述农产品生产模式与流通体系不相适应，农产品生产模式与流通模式也不匹配。现阶段，农户介入流通渠道主要依赖农户直接与农产品批发商交易、贩销大户收购、“农户—消费者”模式、“农户+龙头企业”模式、“农户+合作社+龙头企业”等几种方式，但每种介入方式都有其弊端。

“农户直接与农产品批发商交易”，是当前农产品流通最为主要的一种渠道状态，这种渠道状态的优势在于可以保证农户以比较低的价格进入或者退出市场，降低农户的交易成本，但是缺点在于造成了非常低的生产效率。这可能是由于作为市场交易主体的农户处于分散且小众的状态，增加了交易的次数和交易成功的难度。

“返销大户收购”渠道,是由购销业主直接到农户家收购相关农产品,运输到城镇零售市场并转移给零售商,然后再由零售商卖给消费者。这种方式大大降低了农户的交易成本,但是商品流通范围有限,而且增加了农户和贩销大户之间的信息不对称,可能损害农户利益。

“农户—消费者”模式,在我国具有很强的特色,农户直接面向消费者销售农产品,销售收益可以直接兑现,省去了中间的流通环节。但是,缺点在于缺失了流通环节,导致农产品的附加值较低,且流通半径极其有限,农户难以在更大空间内寻找到更优的需求者。

“农户+龙头企业”模式,一般是龙头企业与农户达成协议,采取“订单农业”的方式,统一收购农户农产品进入市场交易。在这种模式中农户与龙头企业通过契约来维系相互关系,龙头企业通常是农产品加工和销售企业。龙头企业按照契约收购、加工、销售农产品,并为农户生产提供相应的农民团体、产地批发商、销地批发商,农户按照契约进行指定品种和数量的农产品生产。这种模式可有效解决农户分散化经营带来的问题,减少了搜寻费用,降低了交易频次,减少了信息成本。

“农户+合作社+龙头企业”模式,是在一定程度上为了克服“农户+龙头企业”模式的不足,通过合作社的介入,对分散农户进行组织和约束,有助于提高农户自身的市场地位,制约龙头企业的违约行为。而合作社通过集中收购和简单加工,降低了交易成本,产品质量和价格将更加趋于稳定。最主要的是,基于合作社的平台作用,龙头企业只需要和合作社一方签订合同,简化了合同履行的对象和线路,节约了签约、执行和监督契约的成本。目前来看,这种模式较为理想,但受制于发展现状,我国农业合作社总体发育不足,功能发挥有限,还难以有效组织农户参与市场竞争,甚至存在合作社与龙头企业合谋骗取农户利益的不良现象。由此看出,农产品生产模式与流通模式匹配程度不高,小而分散的农户一直处于不利地位。

(三)农产品生产与流通利益分配不均衡

近年来,农产品的价格不断攀升。2015 年,时任中央农村工作领导小组副组长陈锡文解读《关于加大改革创新力度加快农业现代化建设的若干意见》时指出,2010 年以来我国一些农产品的价格有明显上涨趋势,主要由于投入品的价格上涨、劳动者工资上涨以及农村土地流转成本增加等因素所致。农产品价格不断上涨造成了我国主要农产品价格普遍高于国际市场,农业竞争力不够。农产品生产和流通的最终目的是满足广大居民的消费需求,生产者通过农产品流通体系,向最终消费者让渡农产品的使用价值而实现其价值。但农产品最终售价扣除其生产成本和流通成本在各参与主体之间的利益分配并不均衡。在此过程中，利益分配的多少显然与各个环节参与主体的组织化水平、议价能力等密切相关。

一方面，农产品生产和流通的利益多被流通环节获取，较少流向生产环节。从目前市场结构来看，我国农产品生产体系和流通体系形成了"生产者—批发商"市场和各级批发商之间的交易市场，生产者（农户）市场更接近完全竞争市场。在这个完全竞争市场中，买卖人数众多，买者和卖者都是价格的接受者，资源可以自由流动，信息具有完全性，竞争充分而不受任何阻碍和干扰。由于完全竞争市场存在众多的生产者和消费者，也就使得任何一个生产者和消费者都不能够影响市场价格，反而更多的利润流向了中间流通环节的批发商。而且农户之间产品同质化严重，使得农产品生产端售卖竞争激烈，生产者相对于批发商的议价能力较弱。这主要是因为农户大多对于市场的感知度较低，对市场预测和判断能力有限，所以多数生产者都生产同质化的商品，也难以提高其议价能力。而这也恰恰是当前我国农产品市场效益低的主要因素，农产品的科技含量低，没有特色，也就难以卖出高价。因此，在整个农产品生产和流通的产业链条中，农户获得最少的利润也不足为奇，甚至部分地区依靠政府补贴，或政府制定农产品指导价格才不至于亏本。由此看来，农产品最终利益多被流通领域获取，而较少流向生产领域。

另一方面，农产品流通体系内部利益分配也不均衡。农产品流通体系的内在要求和核心，就是要建立合理的利益分配机制。利益分配机制是否合理，能否处理好利益分配关系，决定着流通体系的流通效率和顺畅程度。农产品流通体系内部各企业、经销商等环节的各个参与主体只有在经营活动的某个水平上达到诱因和贡献的平衡，才能发生、发展和壮大。这与批发商通过压价的方式攫取生产者（农户）部分利益相似，在农产品流通体系内部，利益分配也存在严重的不均衡。农产品流通过程也是农产品价格形成过程，同样也是利益分配过程。各流通环节都会产生一定的成本或费用，同样会给各流通主体创造一定的利润。但是，显然大型批发商尤其是销地坐地商相对于小型批发商具有更大的议价能力和更高的组织化水平，也会产生更多的规模经济效益，从而获得更多的利益。

（四）农产品生产与流通价格机制不健全

价格形成机制是引导生产、流通和消费的价格制定与调整的制度安排，这一价格形成机制以市场配置资源为基础，以完善有效的政府宏观调控为手段，以建立有利于产业结构优化、行业可持续发展的价格指数、完整的成本核算框架、完备的市场交易体制为保障。农产品市场价格的形成是农产品供给和需求相互作用的结果,在其价格形成机制中,既有内在的供需机理,又受长、短期供求的影响。但是,现实中农产品价格则是生产者、消费者、政府和利益各方相互作用的结果,这一作用机制复杂而且具有一定的不可预期性,导致农产品生产和流通价格机制超出市场调节的范围而出现扭曲。

第一,农产品生产领域生产主体规模小而分散,生产决策随意性大,科学性不高,导致农产品生产效率低下。正是由于以上缺陷,才导致了农户在价格议价过程中,缺失了主动权,只能够被动地接受市场价格,而不是主动地谈判价格,造成了损失也只能认亏。此外,批发商依据其价格垄断优势、信息优势,侵占农户利益,致使农户利益受损,甚至不能弥补农产品生产成本支出。但我国地少人多,农民对土地依赖性较高,即使亏本生产,仍然有较大的刚性产出。政府为保护农户的利益进行市场干预,会出台农产品最低收购价政策和补贴政策,导致农产品价格并不能真实完全地反映市场供求关系,从而产生扭曲。

第二,"哑铃型"的农产品市场结构,导致由生产者到消费者的整个流程中,生产者往往不能获得消费者支付中应得的份额,而流通领域中从事生产或经营活动的大型企业则影响力较大,具有农产品市场定价权,从而获得较高的垄断利润,使得农产品显示价格不反映真实的市场供求关系。在现代市场经济条件下,我国绝大部分农产品都不是由生产者直接销售给消费者,而是需要增加许多流通环节,包括对农产品的加工、运输、销售等环节,也就造成了农产品供应链出现"两头大、中间小"的哑铃形结构。

第三,市场信息不对称,也是导致农产品生产和流通价格扭曲的原因之一。信息不对称理论是指在市场经济活动中各类人员对有关信息的了解存在差异,掌握信息不充分的人员,往往处于比较不利的地位,掌握信息比较充分的人员,则处于比较有利的地位。在农产品生产和流通过程中,由于农户限于知识水平不高、信息获取便利性较差等因素制约,与批发商的专业性也难以相比,使得批发商相对于农户具有更完全的信息优势。这通常会导致交换过程中农产品价值实现困难,既影响了农户收益,也不能完全反映市场对农产品的供求状况。

二、农产品生产与流通不协调的原因分析

(一)农产品生产与流通协调的观念误区

思路决定出路,没有先进且科学的发展思路,农产品生产和流通就得不

到顺利发展。农产品生产与流通不协调问题，归根结底是我国农产品生产流通的发展理念相对落后。在长期的农业发展过程中，我国农产品生产流通呈现“重生产，轻流通”“重索取，轻补偿”“重数量，轻质量”的特征。

第一，我国农业领域“重生产，轻流通”。即高度重视农产品生产，而忽视农产品流通对于农业发展的作用，使得农产品生产难以有效对接市场需求，农产品生产与流通难以实现协调。由于我国面临着巨大的人口压力，以及复杂的国际形势，因此保障农产品产量以确保国家粮食安全就成为我国农业发展的头等大事。国家从人员、技术、资金、政策等多方面为农产品生产构建了完善的支撑保障体系，有效保障了我国农产品产量的不断提升。根据国家统计局数据可知，2020 年中国粮食总产量 66949 万吨（13390 亿斤），比 2019 年增加 565 万吨（113 亿斤），增长 0.9%。其中，谷物产量 61674 万吨（12335 亿斤），比 2019 年增加 304 万吨（61 亿斤），增长 0.5%。相对而言，由于受到计划经济思想影响，长期以来我国农产品流通领域没有受到足够重视，已有的相关优惠政策措施很多没有真正落实，相关资金投入也相对不足，这使得我国农产品流通领域出现了上文所述的诸多问题。在现代市场经济中，流通是将生产和消费联系起来的纽带，农产品流通对于满足消费者农产品需求以及提升生产者收入而言都有着极为重要的意义。农产品流通受阻，不仅仅使得生产出来的农产品难以实现其市场价值，影响农产品生产者的生产积极性，更将影响到农产品加工、仓储、销售等诸多环节衔接，阻塞农业内循环。

第二，我国农业发展“重索取，轻补偿”。即我国农业发展过多地索取资源，缺乏对生态环境的补偿，造成农产品生产与流通过程诸多环境问题出现，制约着农产品生产与流通协调。传统农产品生产和流通体系过多索取资源、破坏了环境，虽然带来了短暂时间的利益，但是长远来看，既不利于资源环境的保护，又对子孙后代的生产生活造成了不可逆的损失。长期以来，资源无限、环境无价的观念根深蒂固地存在于人们的思维中，也渗透在经济社会活动实践形成的体制和政策中。在这种错误观念的影响下，人们在农产品生产过程中，为获取更多的经济利益，往往过度使用化肥、农药以及各种化学制品，导致水、土壤及整个生态环境的污染和破坏。同时，生产方式不当又导致了严重的水土流失，甚至沙化、荒漠化问题的出现。数据显示，近 30 年来，我国水土流失十分严重，黄河流域年入河泥沙 16 亿吨，长江流域每年土壤流失量 24 亿吨。相对于向环境的索取而言，我国农业发展缺乏对生态环境进行补偿的观念，各农业主体对于生态环境价值、生态系统市场价值尚未形成清晰认识，农业发展过程的生态补偿机制尚不完善。

第三,我国农业生产与流通“重数量,轻质量”。即重视农产品产量的提升而忽略农产品质量的提高,重视农产品流通渠道数量的增加而忽略农产品流通渠道水平的提高。没有高质量的农产品生产与高质量的农产品流通,农产品生产与流通协调就无从谈起。习近平总书记在党的十九大报告中提出,要提供更多的优质生态产品以满足人民群众日益增长的优美生态环境需要。我国农产品产量在近些年不断提升,但同时食品安全问题不断发生,化肥、农药滥用造成农产品品质下降,农产品生产过程中各种农业化学制剂的滥用更是会对消费者的身体健康产生严重隐患。与此相对,我国生态农产品供应却存在较大不足,绿色农产品、有机食品、无公害农产品占农产品整体比重较低,难以满足人民群众日益增长的美好生活需求。在农产品流通领域,同样存在着重视数量而忽略质量的问题。近些年来,随着国家对农产品流通问题的重视,各地区农产品流通渠道建设速度有所加快,农产品物流渠道数量有所提升,但是在管理水平、先进设备应用、信息化建设方面仍存在较大不足,严重制约着农产品流通效率的提升,也制约着农产品生产与流通的有机衔接。

(二) 农产品生产与流通制度设计扭曲

农产品生产与流通是农产品从田间到餐桌的两个必要环节,两者紧密相连、不可分离。但现有农产品相关政策却往往将两者分开考虑,未能从产业链的角度进行应有的制度设计,两者仍然是“各自为阵”,重生产轻流通的问题依然存在。具体表现在以下三个方面:

第一,习惯性地使用增加生产的办法解决农产品价格上涨问题。这不但不能解决问题,反而会引发农产品价格更加剧烈的波动。农产品价格上涨的真正原因在于市场的调节作用,由于农产品市场的供需矛盾时刻都在发生变化,如果不用科学方法考虑市场需求,就很难适应市场经济发展的要求。单纯依靠增加生产的办法来解决价格上涨的问题,只能是饮鸩止渴,不能够完全解决最根本的问题。从长远来看,不能只注重农产品市场供求和价格波动的短期调控,最根本的还是要抓好流通领域的长效机制建设、完善农产品安全质量的监管机制等。

第二,在制度设计中,对农产品供应链各环节之间的协调、整合不足。现有政策文件中,较少关注农产品供应链的协调整合问题,对于如何引导批发商和零售商成为供应链的核心企业并发挥重要作用,缺乏相应的政策支持。农产品供应链的协调机制应该是优化整个农产品供应链的物流、信息流、资金流等,用以不断降低成本,实现整个供应链的效益最大化。目前来看,我国农产品流通体系中,批发商和零售商还未真正发挥应有的作用,他们分布较散，物流组织方式有待改善。如果在整个农产品流通体系中，没有一个核心企业作为发起者，成为供应链的核心，那么将很难与上下游形成网链结构，也不容易降低交易成本，提高供应链的运行效率。

第三，对行业协会、商品协会等流通企业服务组织和参与农产品流通的多元化市场主体缺乏系统的政策支持。当前国家针对农产品生产和流通的政策中，给予农民专业合作社等服务农产品生产的组织高度重视，而物流配送、信息服务、质量安全和检验检测等服务组织的支持仅停留在公共服务层次，使得相关组织未能深度参与到农产品流通领域的改造和升级中。

由此可见，当前与农产品生产和流通有关的制度设计存在缺陷，无法将农产品生产和流通作为整体进行统一规划，导致了农产品生产与流通环节衔接不畅，使得本应一脉相承、协调发展的同一产业链的两个关键环节出现扭曲，不能真实反映市场的实际状况，造成效率损失和资源浪费。

（三）农产品生产与流通模式较为粗放

在耕地资源和水资源的双重约束下，我国农产品生产方式仍然处于主要依靠化肥、农药和大水漫灌来提高产量的生产阶段。截至 2021 年，虽然全国粮食产量实现了“十八连增”，但是仍存在农产品价格面临“封顶”、生产成本不断抬升“地板”、生态环境遭遇“硬约束”等新挑战。我国农产品生产模式呈现出较为明显的粗放型特征，尤其在生产前端这一供应链的最薄弱环节表现得更为明显。由于在生产最前端出现了问题，导致整个农产品流通、销售环节均存在粗放发展问题。

一方面，农村土地联产承包责任制下，农户小规模、分散经营的特征，决定了先进生产经营理念和生产技术难以大规模应用，农产品生产的标准化程度较低。家庭联产承包责任制为主导的土地经营模式决定了农业发展标准化程度低、市场化水平不明显。由于没有能够按照统一标准使用农药和化肥等生产资料，无法实现标准化生产。农业标准化是现代科技成果转化为农业生产力的重要途径，对于保障食品安全，提高农产品质量，促进农业产业化发展具有重要的意义。农业标准化对于降低农业产业链交易成本，推动农业专业化分工发展等也具有重要的意义。可以说，没有农业标准化也就没有农业现代化。尽管近年来农村土地流转政策的深入实施，使得这种状况有所改善。但受制于我国农村人口多和土地资源性质双重束缚，规模化、精细化农产品生产在大多数省份难以施行。

另一方面，农产品生产仍然以初级产品为主，产品的附加值较低，农产品生产产业链后向延伸有限。我国农业的国际竞争力低，最主要的原因就是农产品附加值低，没有和国外产品进行竞争的核心优势，导致农产品生产端同质化现象严重,竞争更加激烈。为提升农产品产量,过多使用化肥、农药,甚至通过化学药品改善产品外观,该做法不仅给生态环境带来危害,更会影响人民群众的生命健康安全。因此,当前农产品生产的粗放型特征,制约了我国农产品的流通,使得生产流通不相协调。同时,农产品生产仍然以"量"为衡量标准,而忽视了农产品本应为人民提供安全优质的"质"的本源。农产品只有不断提升科技内涵,提升农业科学技术含量,才能突破资源环境约束,确保粮食安全,为农业增产、农民增收、农村繁荣注入强劲动力,才能够真正保证人民的生命健康。

(四)农产品生产与流通信息化、数字化程度偏低

尽管我国对农业生产十分重视,但是与国外发达国家相比,我国农业信息化起步时间较晚,发展速度较慢,发展程度还相对较低。农业信息化建设水平仍然处于初步发展阶段,信息化建设的资金投入还不能够满足现阶段农业信息化发展需要,农村数字基础设施建设相对薄弱。

第一,农民对农业信息化、数字化认识不足,缺乏利用科技手段实现农产品增产的主动性,也是导致农产品生产信息化程度偏低的重要原因。2020年,第七届世界互联网大会发布的《中国互联网发展报告2020》显示,中国网民已达13.19亿,电子商务年交易规模为34.81万亿元,网络支付交易额高达249.88万亿元,中国数字经济规模稳居世界第二位。由此表明,总体而言我国信息化水平和发展程度已经达到世界较为先进的水平。随着网络时代的到来和信息化的深度拓展,特别是数字化浪潮的到来,人们的生产和生活方式正在加速发生改变。农业信息化、数字化已成为现代农业的重要标志,是现代农业的制高点,对于加快转变农业发展方式、建设现代农业具有重要的牵引和驱动作用。然而,我国农业领域信息化、数字化发展步伐相对缓慢。特别是农民整体受教育水平偏低,限制了农户对现代信息技术的掌握和网络的使用,更不用说对爆发式信息的分析判断。

第二,当前农产品信息泛滥,缺乏农产品产销信息的收集和发布的权威渠道。政府部门掌握的相关信息分布于多个部门,相互之间信息共享困难,造成信息资源浪费。由于农民科学文化素质较低,信息筛选和鉴别能力有限,难以区分信息的真伪,也难以辨别信息的可利用价值。特别是如今新媒体的强势发展,导致各类不同价值的信息满天飞,加剧了农民辨别有价值信息的难度。与农产品生产领域信息化偏弱一致,我国农产品流通领域信息体系建设同样较为滞后,信息"烟囱"、数据"孤岛"等现象较为突出,导致农产品各流通主体间信息流通不畅。在我国农产品市场上,基本上没有一个具有统一性、规划性和专业性的信息交流平台,各流通主体掌握的信息往往

出现“打架”,阻碍了农产品流通体系的发展。

第三,农户生产和销售都缺乏科学的信息指导。由于农民对互联网渠道和信息化手段掌握不充分,农产品市场的超前性、技术性和权威性的信息,一般很难及时准确地传递给农民。由于信息的滞后性,使得原本可以获得更高利润的农产品,反而卖不出较高价格。即使是政府网站发布的农产品信息,也往往过于宏观,缺少与生产的有效对接。目前,政府网站发布的农产品信息没有实现精准对接,导致农户手足无措,更加摸不清市场发展的态势,加剧了信息不对称情况的危害。况且,在一些距离城镇较远的农村、贫困地区和山区,农民获取的信息本来就很少,所以产销脱节情况更为严重。可以说,这种信息不对称是导致农产品生产体系和农产品流通体系出现种种问题的重要原因。加之我国农产品资源本身就存在地域上的不平衡,农业资源要素不能够合理配置,往往出现一些地方“谷贱伤农”而一些地方却“供不应求”的发展情况。

第三章　我国农产品生产与流通协调的机制设计

基于前面章节的理论分析框架构建和现状及问题的梳理,本章具体设计我国农产品生产与流通协调发展的四大机制。

第一节　农产品生产与流通的利益平衡机制

农产品流通体系包含了与农产品相关的各类主体,这类主体参与的主要目的在于获得合理的经济利润,因此利益协调的前提在于公平和公正。合理的利润分配体现在各类经济主体在投入与产出之间的合理关系。农产品流通系统中,农户由于生产分散、自身竞争力较弱,通常在整个产业链中处于弱势地位。当前,农户生产经营回报率低的主要原因在于农副产品的附加值较低,农业生产至销售过程中很大部分的利润价值都附加在农产品加工、流通等环节,生产环节所占甚少。因此,农产品生产到流通过程中的利润分配应该以某种形式适当返还给农户。

一、农产品生产与流通环节的利益相关主体

弗里曼(Freeman)在《战略管理:利益相关者管理的分析方法》一书中最早提出了“利益相关者”的概念,指出在战略管理中应综合考虑相关者的利益,进行综合决策管理。农产品全产业链的利益相关主体包括生产者、加工者、运输者、销售者和消费者,农产品从生产到消费过程所涉及的各个环节,均需平衡各方利益才能确保农产品生产与流通的良性循环运转。

(一) 生产者

农产品生产环节是农产品质量安全的源头。我国农产品的生产者众多,主要包括农户、家庭农场、农业专业合作社等。自实行家庭联产承包责任制后,广大农户是农产品生产的主要主体。随着农业经济的不断发展,有些农户承包大量土地进行规模化种植,形成家庭农场。另外,农业专业合作组织快速发展,各地加大对农业专业合作组织的支持力度,鼓励和推广示范农民专业合作社。分散农户、家庭农场和农业专业合作社是农产品生产循环的源头,是农产品供应的首要载体,是农产品利益平衡、质量安全控制、风

险承担的第一道关口。

农户是以土地承包经营权为基础、以家庭为单位进行生产经营活动的自耕组织。中华人民共和国成立初期的土地改革，使农民家庭无偿获得土地等农业生产资料。农户可以根据自己的意愿选择生产经营项目，自由安排时间和支配劳动力，通常也需要承担自己的生产经营行为产生的各种风险。而家庭农场是指以家庭成员为主要劳动力从事农业规模化和集约化生产经营，并且家庭主要收入渠道是农业收入的生产者形式。农业专业合作社是在农村家庭承包经营的基础上，同类农产品的生产经营者自愿联合与民主管理的互助性组织。

（二）加工者

农产品加工是以农、林、牧、渔业产品为原料进行的工业生产活动。长期以来，在农业生产方面注重追求产品数量，忽视农产品加工业的发展质量，导致产业结构的不合理和严重失调，使得农业效益较低。同时，农产品加工环节也存在着技术水平和创新能力落后、种类单一、加工设备差等问题，从而降低了农产品价值增值的程度。

（三）运输者

农产品加工和销售过程都会产生一系列物流活动，包括农产品收购、加工、储存、销售等。农产品存在易腐性、品质差异大、单位价值小、品种数量多、价格波动大等特点，也给物流过程中的装卸、配送等增加了难度，这也是农产品的物流运输成本较大的原因。

（四）销售者

农产品销售渠道主要有两种形式：第一种是个体户销售，农户可以依赖自身的人力，在农贸市场直接向消费者售卖农产品。这种方式，农户可以直接获得收益，消费者也可以直接获得农产品，避免了中间环节。但是销量不稳定，具有短期滞销的风险。第二种就是通过批发市场等集中场所进行售卖，批发市场具有销量大、选择性多等优点，对生产者和消费者都是不错的选择。但可能会由于批发市场管理机制不完善，导致农户的利益无法保证，农产品利润容易受到多方的挤压。

（五）消费者

农产品从农户手中第一次售卖，到消费者购买，由于产品流通费用、储存成本和产品形态的不同会形成不同的价格差额，消费者基本都是被动接受价格的变动。通过价格管制或者引导，消费者的权益可以得到保障，不受价格剧烈波动的影响。农产品价格形成和运行的基础是农产品价值，我国农产品价格依照管理来分，具体分为国家定价、国家指导价和市场调节价；

按照流转形式来分则包括收购价、零售价、批发价等。

二、传统农产品价值链中利益分配存在的主要问题

农产品从田间地头到餐桌包含生产、流通和销售等环节，其中农产品的流通是连接生产者和消费者的桥梁，生产和消费处于农产品价值链的两端（见图 3-1）。

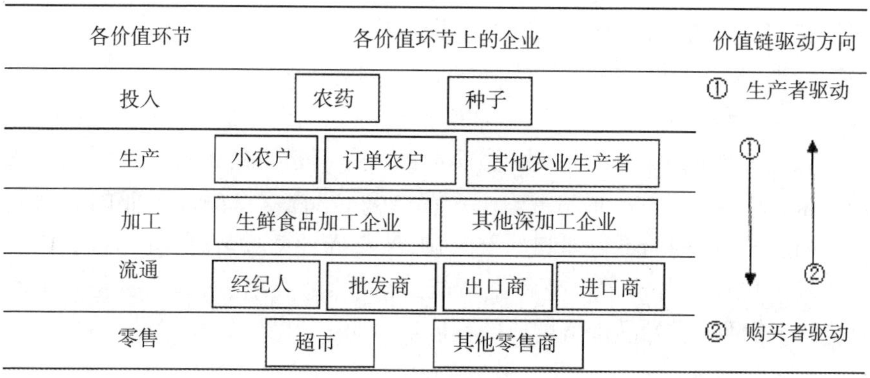

图 3-1 农业价值链示意图

在农产品价值链中，农户处于价值链的上游，农民独立完成种植、饲养等农业生产活动，然后向市场供应农产品。农民利用自己的土地，从市场购买种子、化肥等基本生产要素，根据市场需求，作出相应的生产决策。这种方式一般是传统的大宗产品，产品的价格受供求关系、自然条件等影响，产品安全、质量属性明显，农户的议价能力一般较弱，基本被动接受价格。价值链反哺农民的含义就是降低生产者从外部获得生产要素的成本和交易成本，为农民提供市场供求变化的即时信息，提高农民参与议价、签约和交易的能力。但是，由于农产品生产、流通等环节的不完善，导致农产品价值链的分配不均衡，下面分析其问题和原因。

（一）农民集体行动决策失灵

在多方利益的分配中，各方根据自身利益进行维护和表达。但目前来看，农民由于文化水平低、组织化程度低、专业能力和政策知识掌握不足，从而缺乏充分表达并维护自身利益的渠道和手段。在某些严重情况下，还会出现农产品滞销问题，农民的利益无法得到保障。归根结底，农民的议价能力弱主要源自三个方面：一是农户作为独立的个体进行市场活动的组织能力较差，无法形成一个整体合力与市场在价格方面进行博弈；二是由于农产品无法长期进行保存，农民也没有长期保存的条件和设备，在一些情况下只

能以低价出售；三是一些农民的居住生产地点距离市场较远，运输成本和时间成本较高，无法直接面对消费者，也只能以低价卖给中间商。

（二）农产品流通环节多，农民竞争能力弱

农产品流通是农产品生产和销售的桥梁，引导生产者、满足消费者是农产品流通的两大职能目的，实际也是形成农产品的有效供给，提高农民收入的重要手段，然而传统的农产品流通过程流通产业价值链环节较多，易出现不必要的价值沉淀，最终导致农产品销售价格过高。一方面，会损害消费者利益，抑制农产品消费；另一方面，也会造成农产品无法形成有效供给，损害农户利益。农户在农产品流通环节中处于不利地位，在价值链的分配方面缺乏主导能力。传统农产品需要层层流转，流通环节过多，大部分农产品价值链由于流通环节增多而被延伸，从而相应地需要流通环节进行较高的价值补偿。在农产品价格不断上涨的过程中，农户能分享的价值比例较低，传统分散化的组织模式严重制约了农户的市场竞争能力，选择合适的流通组织形式将会对农户在农产品价值链中取得更多的利益分配起到非常重要的作用。

三、农产品生产与流通利益平衡的机制设计

所谓利益平衡，是指在一定的利益格局体系下，各利益相关方相对和平共处、相对均势的平衡状态。在司法领域，利益平衡作为一项重要的原则，要求法律、法规和制度都应该建立在利益平衡的基础上。在法律层面，利益平衡指通过法律的权威来协调各方面冲突因素，使相关各方主体利益在共存和相容的基础上达到合理的优化状态。农户因生产规模小、技术水平不足、分散决策导致内部竞争、协调成本较高等原因，使得农民在农产品价值链中的地位较为被动和弱势，分享的附加值较低。

（一）农业产业化经营组织

农业产业化经营实际上是用现代工业的管理办法来组织农业的生产和经营，主要以提高经济效益为目的，优化组织各种生产要素，对农业和农村经济进行区域化布局、专业化生产、企业化管理，形成以市场供求引导龙头企业、龙头企业带基地、基地再连接农户，集生产、供应、销售为一体的经营模式和运行机制。农业产业化经营是实现农民增收，以及农产品生产和流通环节利益平衡的重要途径。建立各种农业产业化经营组织，通过利益返还的形式惠及农民。

根据经营组织形式的不同，农业产业化利益平衡机制中的组织关系可以分为两种：契约合同关系和产权关系。契约合同关系是指签订某种合约，

通过利益分配过程的设计，将外溢的部分效益返还给农户。根据产权关系的不同调整可以分为农业合作社、农工商综合体和联营体等组织形式，这些形式根据产权关系的结合，把利益各方团结起来，形成利益共同体，将内部交易成本降低。从利益平衡的角度来看，这些组织形式基本上解决了农业利益外溢到加工、流通领域的问题。以龙头企业为例，契约关系的组织模式中，龙头企业为了帮助农民摆脱农产品供应的地位，将农产品整合加工生产，将利润收入再返还给农民。产权关系的组织模式中，龙头企业给农户提供稳定的销售市场、统一种子、肥料和农药、技术管理指导和培训，加强农民的种植能力和管理能力，进而间接帮助农民提高收入。龙头企业在契约关系中返还给农民的利益和利润大小，取决于利益各方对利益分配方式的认知程度，以及各方在获取收益时付出的成本和参与程度的大小。

内生龙头一体化的农业产业化经营组织模式以互助合作为纽带。农业产业化经营组织方式要健康、良好、持续地运转下去，需要合适的组织模式和运行机制。内生龙头一体化是指以合作社为中心，以互助合作为纽带，通过以合作社的名义建立生产中心、运输中心和销售中心等组织框架，形成产销一体化的产业化组织，提高农产品的供应能力。内生龙头一体化的组织模式优势在于成立的合作社是以互助合作为纽带，可以将素质低、规模小、实力弱的分散小农户组织起来，既可以提升农民的素质，又可以提高农民的组织化程度，进而提高农民的收入，增强农户的综合实力。内生龙头一体化模式能够同手工劳动和机械化操作并存、分散农户生产的农业生产方式相适应，还能够与在家庭承包经营基础上建立的统分结合双层经营体制的基本经营制度相适应。所以说，这种模式在我国广大农村具有较好的适用性，应大力提倡发展，使其成为我国农业产业化的主导经营组织模式。

（二）政策干预扶持

农业产业化的第二种利益平衡机制是通过政府的介入，采用农业支持项目或政策进行二次分配，促使初级产品以及农产品加工的价格提升。通过农业项目或政策的支持，例如科学技术的推广、农业种植管理技术培训、种子农业化肥价格监管管控、农业保险产品以及农产品价格补贴政策，都可以有效地将农业外溢到社会其他领域的收益重新返回到农民手中，使得农业产业化经营可以获得相对公平合理的社会平均利润。因此，政府干预机制的引入，适应了不同时期农业发展的需要，也符合农业生产力进步的要求。政府通过干预，有助于提高农业的比较效益，提高农民的收入水平，更为重要的是能够对市场分配作出进一步的优化，能够更加维护市场公平，维护社会安定。

（三）推进农产品生产与流通创新，提升产业价值链

农产品生产与流通创新目的在于创造和实现更多的价值，优化提升农产品的有效供给，提高农民收入，提升农业综合经营效益和农业竞争力。这需要农民摆脱过去单纯以生产为目的的模式，让农民深度参与社会分工，更多地分享产业链提升带来的增值收益。产业链的优化以及产业价值的提升，需要从点、线、面三个层次来考虑。

第一，"点"就是农产品产业链链条中各个价值节点，包括生产、加工、运输、销售等，连接各个节点，降低信息不对称程度，以及其他阻碍产业价值传导的过程，防范产业链扭曲的风险。

第二，"线"就是农产品产业价值链，实现农产品供求变化的实时传递，提高农产品供给需求的匹配程度，减少和降低农产品流通时间和环节，从而降低流通成本。尽管价值链缩短，但价值总量可以是增加的，更重要的是农民分享的价值是增加的。通过优化产业链布局，形成新的农产品流通路径，缩短农民到消费者的距离，消除农户在价值分享中的不利地位，让农户获得更多的农产品产业链中的价值。

第三，"面"就是产业链的网络体系，促进不同产业体系的融合。比如，农产品全产业链与特色小镇、休闲旅游、休闲农业的深度融合，形成更宽泛的价值链网络体系。

第二节　农产品生产与流通的价格诱导机制

农产品价格诱导机制是指在市场经济的大环境下，通过价格的调整协调各方经济利益，进而影响农产品生产经营活动的过程及结果。它包括农产品市场的价格形成机制、价格调控机制以及价格传导机制。

一、农产品价格形成机制

农产品作为与人民生活息息相关的消费品，是每天生活必不可少的重要组成部分。近年来，我国农产品贸易迅速发展，从分散的个体经营到规模化经营，再到农产品市场体系的形成。农产品价格是根据农产品的流转情况而形成的，农产品的价格大概分为三种：农产品收购价格、农产品批发价格和农产品零售价格。

（一）农产品收购价格形成机制

农产品收购价格是农产品的供应方（农民）将劳动所得农产品卖给

农产品收购商时的价格。收购价格的标准由三部分组成:农民的生产成本、土地成本和劳动收入。生产的总成本构成农产品收购价格的基础,是农产品生产过程中农民投入要素的总成本,包括土地、农产品原料以及劳动力。

农产品收购价格是中间商向农业生产者收购农产品时双方协商确定的价格。该价格作为国家价格体系的重要组成部分,对于保障农产品流通具有重要作用。通过制定农产品收购价格,可以增强农产品市场的计划性和科学性,农产品的生产者和中间商通过对农产品市场供需状况的把握,能够确保农产品收购价格在合理的区间运行。农产品收购价格的确定,对于实现农产品按社会需求合乎比例的分配、调动广大劳动生产者的积极性具有重要意义。我国农产品收购价格的定价基础是以中等土地条件下的社会必要劳动消耗为标准。但从长远来看,该价格应该考虑级差地租、产品质量等方面的影响,以此鼓励农业生产者经营劣等土地的积极性,从而更大限度上满足人民对于农副产品的需求。

(二）农产品批发价格形成机制

农产品批发价格是指农产品出售给批发商时的价格,根据批发市场所在层级和地域又可以分为产地批发价、销地批发价、中间批发价等。批发价格由批发商进货成本、流通成本以及利润三部分组成。农产品批发市场是众多农产品生产者与需求者汇聚的场所,通过大量买家及卖家的快速交易自发形成的价格,可以相对反映农产品的供求状况。

农产品批发市场为农产品交易提供了固定场所,也为农产品的流通提供了便利的条件,已经成为我国农产品交易的重要场所,并在一定程度上具有调控市场的职能。按照批发市场的专业性质,农产品批发市场一般分为综合性批发市场和专业性批发市场两类。二者之间的区别在于交易品种的种类,综合性批发市场一般交易三种以上农产品,而专业性批发市场一般交易一种或两种产品。

(三）农产品零售价格形成机制

农产品的零售价格是农产品零售商给予消费者的交易价格,一般包括农产品的进货成本、农产品的流通成本和农产品利润三部分。我国当前农产品零售主要通过生鲜超市和农贸市场两种方式。生鲜超市一般采用连锁形式,由大型公司统一运行,在管理和销售方面具有规范性,容易产生规范效应,通常在大中型城市较为常见。而农贸市场则主要关系到老百姓的餐桌供应,具有较强的社会公益性质,一般设立在城乡接合部或者小型城市,也是目前农产品零售的主要渠道。伴随着我国社会经济的发展和改革开放战略的实施，全国农产品零售市场发展较为迅速，农产品零售市场在数量、规模和种类上都有了快速发展。农产品零售也逐渐走向专业化、具体化，更加符合农业生产力的需求，更加贴合老百姓的生活需要。同时，由于互联网的推动，网络农产品贸易交易也逐渐火热起来，成为农产品交易的新型模式，逐渐被广大消费者所接受。

二、农产品价格调控机制

农产品价格调控机制是指通过对农产品价格的调节，以达到降低价格波动，完善农产品市场机制的政策目的。随着宏观经济环境和农业生产结构的不断调整，农产品价格调控需要应对新形势下的挑战。目前，我国已进入城镇化质量提升阶段，人们对于粮食等基础农产品的需求增长放缓，而对于改善型农产品以及农产品加工品的需求不断增加。农产品对外开放程度不断提高，国际农产品价格的波动对我国国内农产品的价格影响不断增强。因此，我国农产品价格的调控成本越来越高，特别是农产品市场价格的形成机制和市场价格信号被人为地扭曲，改变了市场主体的预期，进而改变经营行为，长此以往势必造成我国农产品市场的脆弱，引起市场价格的剧烈波动。

农产品调控机制的确定应坚持三个原则：一是突出重点调控目标。小麦和稻谷是我国主要粮食作物，其供求的失衡很容易传导至其他品种，应当作为重点调控对象。二是坚持市场调控的大方向，循序渐进。市场调节机制是我国当前农产品市场调控改革的核心，需尽量减少行政化、粗暴化管理方式。同时，改革不能一蹴而就，应该有步骤、有方法地慢慢改进。三是成本可控。政策实施成本应当低于其收益，这种收益不仅是指经济收益，还应该考虑粮食安全等因素。

（一）农产品的价格风险

农产品价格风险是指农产品价格背离买卖双方的利益或者利益平衡而产生的动态风险。农产品的价值是通过生产形成，在流通环节实现的。价格风险是伴随着商品经济的出现而出现的，有商品经济就会出现价格风险。任何国家和任何地方，只要存在商品经济就会出现价格风险，只是出现的时期和程度有所区别，而价格风险仍是客观存在的。在我国经济体制改革以前，农产品是由国家控制，实行统派统购制度，农产品的价格由物价部门统一制定。除了完成统派统购任务以外，只有少量农产品在集市上售卖，大部分农产品不会进入有形市场进行流通交换，而是在国有部门内进行有计划的调配，通过行政计划手段对各经营部门进行分配，也共同承担相应的价格风险。那时的价格风险也是客观存在的，只是由行政手段保持价格的基本稳定，价格风险并未引起人们的注意。随着我国经济体制改革的推进，通过市场调价的农产品种类和数量都逐渐增多，随之而来的就是农产品价格的风险，以及价格的不合理，农产品生产者的利益无法充分保障，主要表现在农产品的结构不合理、区域分配不均衡、价格容易出现暴涨暴跌现象等。自从国家开始对少数农产品取消实行统购统派制度后，重要的农产品实行合同定价，供求机制开始调节和制约农产品内部的比价关系。尤其是贫困地区的农民往往由于地理位置的偏远，信息闭塞，无法紧跟市场信息，对于价格的剧烈波动只能被动接受。

（二）农产品价格调控的意义

在新形势下，建立和完善我国农产品生产与流通的价格调控机制，需要适应我国当前发展情况和农村经济状况的新情况和新特点，加强市场监督分析机制建设，完善市场价格预期引导作用，对生产指导和政府调控方式进行转变。

农业是国民经济的根本。为了稳定农产品价格，抑制农产品价格的剧烈波动，保障粮食等农产品的有效供给，提高农民收入，国家积极实施农产品生产补贴、价格补贴、保护价收购、收储部分农产品等一系列农产品价格调控政策。其中，农业补贴的重点环节已经从消费转向生产环节、补贴对象也从以消费者为主转向以生产者为主。农业补贴显著提高了农业生产的综合效益，扩大了农产品的生产数量和质量。农业补贴金额和支持力度逐年增加，极大提高了农业综合服务水平和支持力度。但是，农产品生产和流通价格调控体系存在的问题依然严峻：粮食最低收购价的确定缺乏市场依据；政府制定农产品价格补贴政策对农产品的补贴效率不高，某些领域的补贴水平低，符合补贴的种类少；农业保险缺乏；信息化服务等农业基础设施的保障不够；地方粮食储备能力不足、效率较低；等等。

因此，完善农产品生产和流通的价格调控机制对于提高农业综合经营水平，促进农产品有效供给，增强适应国内外市场的变化能力，提高抵抗农业风险响应能力具有极其重要的作用。

（三）农产品价格调控的机制

完善农产品价格调控机制，是新形势下保障农民收入、调动广大农民粮食生产积极性、保障粮食安全的一项重要内容。在坚持市场定价的基础上，推进农产品价格形成与政府补贴分开机制，政府定价只是引导和预测功能，缓解行政方式的干预对农产品市场波动的不利影响，从而促进国内农产品市场的健康有序发展。调控机制的改变，有利于政府财政负担的减轻和农产品流通效率的提高。

第一,建立农产品目标价格制度。我国过去实施的最低价收购和临时性收储制度等农产品调控办法的背景是农产品价格低于国际价格的情况,从调控办法的实施理念到实际操作都具有历史局限性。更多地发挥市场调节作用,需要持续推进农产品价格的调控机制改革,完善农产品价格调控机制,推进最低收购价、临时收储制度和农业补贴政策向农产品目标价格制度过渡。所谓农产品目标价格制度,是在国家层面设立一个农产品的最低价格,当农产品的市场价格低于设定的最低价格时,补贴农产品的生产者,保障生产者的基本利益,提高生产者的收入水平;当农产品的市场价格高于设定的目标价格时,补贴低收入群体。

第二,统筹国内市场调控和进口调控。在市场经济条件下,要充分发挥市场机制在农产品生产、流通、消费等环节对价格的调节作用。一般性品种、一般性价格波动应该由市场机制发挥价格的决定作用。鉴于农产品的特殊性,为灵活应对国内外市场形势的快速变化,应当对配额内和配额外进口、国内市场和进口情况统筹规划,从而增强政策调控的针对性、协调性和有效性。另外,需要统筹运用进口市场管理和国内支持政策、市场干预和生产性扶持政策。

第三,创新农业补贴政策。我国目前已经建立直接补贴农业生产者的农业补贴政策体系。农业补贴政策在提高农民收入、稳定粮食产量方面起到了积极作用。但是我国当前的补贴政策还难以应对农民的大幅度增收、政策协调性不足、新型农产品生产主体培育等问题。在农业供给侧结构性改革进程中,农业补贴政策也要转变方式,创新补贴体系,拓展农业生产的补贴方式和方法,进一步提升农业发展新旧动能转换的速度和效率。明确农业补贴目标,积极探索农产品收入的补贴制度。结合粮食主产区和农产品保护区的建设,积极探索对农产品生产经营主体的补贴政策,促进目标价格制度、目标收入制度和农产品收入保险制度之间的协调安排,充实农户和新型生产主体的补贴政策选择。调整农业补贴思路,逐步建立"三农"支持的长效机制。结合农业供给侧结构性改革的安排,协调目标价格、目标收入和最低收购价之间的联系,形成农业补贴可以同农产品生产成本、市场价格等灵活调整的长效机制,给各生产经营性主体创造稳定的预期,缓解市场波动导致的预期反复改变。扩大补贴对象,考虑将新型的农产品生产主体纳入补贴范围。健全补贴的精准性和指向性,对服务范围广、生产水平高以及信用状况好的种植大户或合作社,采取以奖代补的方式,直接鼓励农业机械化应用,建立多层次的可供经营主体选择的补贴方式。

三、农产品价格传导机制

农产品价格的传导机制是平衡农产品生产、销售、零售与消费等各相关利益主体的机制，传导机制运行顺利，能够保证农业发展的良性循环，也在一定程度上保证了经济社会的和谐发展。近年来，我国农产品价格问题引起了社会各界的广泛关注，探寻农产品价格传导机制，才能够找准价格波动的关键因素，有效控制农产品价格，保障农产品市场的良性运行。

（一）农产品价格传导机制的概念

农产品价格传导机制，与农产品价格形成机制、农产品价格调控机制相结合，共同保证了农产品市场的有序运行。三者之间相互作用、相互影响，农产品价格形成机制和农产品价格调控机制会直接关系到农产品价格传导机制的运行。

农产品价格传导机制从概念上来看，是指市场经济体系下，某一种农产品通过一定的传导路径、传导关系和传导强度等，与体系内其他农产品或加工品价格相互影响和相互作用的过程。其内在逻辑是，农产品价格的变化影响生产经营的微观主体，是发挥资源有效配置功能的载体。传导机制反映农产品系统内各组成部分之间的影响和动态响应，既包括农产品产业链之间的垂直传导，也包括产业链系统的横向影响传导，也就是整个市场的动态整合。

农产品价格传导机制，主要是为了协调农产品各个主体之间的利益分配问题。农产品价格传导机制运行顺畅，能够保障农产品生产者的收入，保障农产品销售者的利润，满足农产品消费者的需求。如果市场在整个农产品生产和销售环节做到优化调控，则更有助于稳定整个农产品的市场价格。市场对农产品价格能够做出调整应具备以下三个前提条件：一是农户能够根据市场传递的价格信号，具有较为充分的资金购买生产所需要的生产资料，比如化肥、种子等。同时，农户也应该具备相应的生产技术，用于改造和提升农产品的生产需要。二是农户应该针对现有发展水平，根据市场发展需要和生产力发展的要求，不断完善基础设施，主要包括交通、贮藏等设施。三是农户要对交易制度的功能效果具有清晰认知，比如应该很清楚地知道农产品的竞拍机制等，这样就能够更好地发挥价格的调控作用。

农产品价格的波动与一般工业品的波动具有某些方面的共同点，比如受到供求关系、传导效率、市场制度和结构等因素的影响。但是由于农产品本身具有的特点，也表现出与一般工业品价格传导的不同：一是农产品价格传导具有短周期性。农产品是日常生活中的必需品，生产活动具有明显的季节性和周期性，易变质，贮存性差，这就决定了农产品波动的周期性短的特征。二是农产品价格传导阻力大。农产品具有一定的生长周期，当市场价格变化时，生产无法灵活调整，即使作出调整后，在其生长周期内价格也会再次波动。所以，面对市场价格的波动，生产活动无法合理布局，同时流通效率的低下，造成农产品生产具有一定的盲目性，反映在农产品价格的传导上，表现为农产品价格传导具有滞后性。

（二）农产品价格传导机制的分类

农产品价格传导机制的研究所涉及的领域多、范围广，研究范畴有所区别，研究方法也不尽相同。根据不同的原则，农产品价格传导机制有不同的分类。

第一，根据农产品生产和农产品流通过程中价格传导路径形成的特点来分，可以分为成本抬升型和需求拉动型的农产品价格传导机制。成本抬升型价格传导，是由上游农产品价格的变化引起中游和下游农产品及相关产品价格的变化，或者是说由生产过程价格的变化引起后续过程和销售环节价格的变化。在我国，农产品价格向食品价格的传导较为充分。在价格指数的变化中，农产品生产价格指数的变动会引起产品出厂价格的变化，最后引起居民食品零售价格指数的变化。需求拉动型的价格传导机制方向正好相反，由下游农产品或食品价格的变动向中游农产品价格、进而向上游农产品生产活动的传导。也就是说，这种传导机制是由于下游农产品的供求发生了改变，进而导致了中游或上游的供求随之发生变化。比如，下游的需求大于供给的条件下，农产品价格会上涨。而从价格指数的角度来看，居民食品零售价格指数的变化引起农产品批发市场价格指数变化，进而引起农产品生产价格指数的变化。

第二，从研究对象范围的视角来看，可以将农产品价格传导机制划分为宏观层面和微观层面两种形态。从宏观层面来看，农产品的价格传导机制是将整个农产品市场作为一个整体，研究农产品生产环节、流通环节和消费环节价格的变化，以及各个环节之间的价格传导顺畅与否，及时把握农产品价格的运行走势，以便更好地制定宏观政策和调控手段。以价格指数为分析对象，包括农产品生产价格指数、食品出厂价格指数、批发市场指数和居民食品消费价格指数等。从微观层面来看，主要以特定农产品为目标，主要分析某种或某类农产品价格的运行态势，研究不同地区、不同市场和不同产业间的价格传导，以更好地掌握与此种农产品相关的产业变化，为农业产业结构的调整提供依据。

第三，从价格传导流向的路径视角来看，农产品价格传导机制可以划分为产销间农产品价格传导机制和产业链间农产品价格传导机制。农产品的产销间价格传导机制主要指农产品在不同区域之间的价格传导，研究区域间农产品价格溢出效应，分析相互影响和相互传导的机理，保证市场稳定运行。产业链间价格传导机制是指上下游产业关系影响农产品的价格传导，以及生产、流通和消费领域间的价格传导。

第三节 农产品生产与流通的全环节质量控制机制

农产品的质量安全控制是指通过控制农产品的质量安全，使得农产品对食用者的健康安全不会产生不利影响，消费者食用后不会因为食品的原材料、生产加工、运输、储存和销售等环节中的质量安全问题而产生身体健康问题。近年来，由于对农产品全产业链的监管不力，农产品的质量问题频繁出现，"毒奶粉""瘦肉精""镉大米"等事件造成了极坏的社会影响，严重地影响了消费者的消费心理，扰乱了人民群众的日常生活。因此，建立农产品从生产、加工、运输到最终消费的质量安全体系迫在眉睫。健全农产品质量安全追溯系统，对于确保农产品质量安全具有至关重要的作用。

一、农产品质量安全存在的主要问题

农产品质量安全事关消费者生命健康和社会稳定。在当今信息网络时代，任何一个敏感的食品安全问题都会快速传播和发酵，引起社会广泛舆论。当出现食品质量安全问题时，精准有效地采取应急处理措施、及时引导社会舆论传播方向、准确发布权威科学解释，有利于提升民众的消费信心，促进我国农产品市场良好健康的发展。

（一）农产品中含有农药、化肥、重金属残留污染

由于农产品生产者的文化水平普遍偏低，缺乏产品质量安全意识，难以对农产品生产的整个环节进行把控和管理，从而导致了因使用国家明令禁止的剧毒农药而出现高药物残留现象。同时，一些生产者为了追求产量而大量施用农药和化肥，导致药物残留和重金属残留超标。最终的结果是耕地土壤质量受到严重损害，农业生态环境受到破坏，威胁农业的可持续发展和人类的生存健康。

（二）农产品中抗生素和激素的残留量超标

随着现代农业与农业科学技术的快速发展，出现大量的生物和化学药品。这些药品中往往存在激素类的成分，比如，促进蔬菜水果加速成熟的催熟剂乙烯利，预防畜禽和鱼类生病的抗生素。这些抗生素和激素，通过肉禽

蛋奶和瓜果蔬菜的残留进入人们的餐桌，会对人类健康造成极大的困扰。

（三）农产品加工过程中的二次污染

农产品加工业对技术资金的准入性要求不高，规模不一的加工企业数目众多。而大量企业的卫生管理制度不健全，加工过程粗糙，加工环境把关不到位，往往造成食品质量安全无法达到国家标准的要求。甚至有些企业在利益的驱使下生产假冒伪劣产品，在食品生产加工过程中违规添加超量色素、激素和防腐剂等，带来严重的食品安全隐患，严重影响人体健康。

二、农产品供应链质量安全管理中存在的主要问题

（一）农产品质量安全监管重叠

对农产品的质量安全监管不严，容易对农产品市场中的食品安全造成极大的威胁。由于我国当前农产品生产经营仍然是以往的生产经营模式，即表现为农工商分离的状态，生产—加工—销售脱节现象严重。这样一来，农产品质量安全的监管也就会分散在各个环节、各个部门之中。由于各部门监管所依据的法律条款不同，以及根据各部门职能要求，对农产品质量监管的侧重点自然存在不同，就很容易导致农产品质量安全的监管存在重叠甚至遗漏等现象。农产品质量安全监管的多头管理现象必然会导致部门职责不清、责任主体难以落实等现实性问题。同时，针对政府规制行为的成本—收益分析仍然缺乏。部门间各种规章和立法使其部门的利益法定化，加剧了部门间的监管重叠，各部门的监管政策存在重复状况。而且，有些监管政策停留在制定阶段，颁布实施之后缺乏有效的监督和效果评估。

经过多年的快速发展，我国逐步建立了农产品质量安全监管体系。但是广大基层的监管工作还不成熟，在人员素质、设备配置方面还有很大差距，监管工作很难得到充分开展，改进的余地依然很大。而农产品作为循环链条较长的特殊商品，如果没有经过配套的基层检测技术进行检测，就会导致很多存在问题的农产品顺利进入市场。由于利益驱使或者对产品认知不全面，很多农户也在生产、售卖有质量安全问题的农产品。

（二）农产品产业链各环节质量安全信息沟通不畅

鉴于我国农产品供应链起步较晚，发展时间还不够长，供应链的信息化水平较为滞后，相应的供应链节点之间的信息共享程度较低。农产品生产者多是规模分散的农户。农户在做生产决策时往往根据市场信息来判断，然而市场信息有时候传递缓慢并且变化较快，导致生产较为盲目，进而造成农产品市场价格的剧烈波动，不利于市场的供求平衡。从产业链视角来看，农产品上游的不确定性逐级传导到下游，下游波动的情况再次反馈到生产

者,如果信息传导不畅,会极大影响农产品质量安全的管理。

三、农产品生产与流通全环节质量控制机制的构建

(一) 对农产品的质量搭建可追根溯源的平台机制

追根溯源平台应该包括过程监控体系、安全评价体系、信息披露、查询及服务五大部分。过程监控体系是指对农业企业及合作社进行备案,及时掌握监管对象的相关信息。通过过程监控,可以实时监测农产品的质量数据,对监测数据进行分析,及时了解农产品的质量安全问题,防患于未然;通过农产品追溯标签,及时掌握农产品的来源及去向。信息披露体系是指农业企业和合作社可以将农产品的生产档案、农产品供求信息、企业品牌文化、农产品优势等展示出来。信息查询体系可以满足消费者同企业与政府三者之间的合理互动。消费者通过查询体系可以查询到产品生产的基本状况、质量安全信息、生产企业的产品介绍及品牌营销等内容。生产企业和政府通过后台管理,可以充分了解消费者的反馈信息,实现问题的及时沟通与顺利解决。安全评价体系是指从农产品基本信息、生产过程、政府监督检查、市场认可度四个方面对企业披露的信息进行综合评价。对各个指标制定不同的权重,根据实际情况进行动态评价,保证安全评价指标的实时性、客观性、合理性。信息服务体系是指通过对农产品生产主体的基本信息、产品信息等进行汇总分析,通过时间、区域、品种等进行分析,为不同应用主体提供决策依据。

例如,农产品溯源平台可以借鉴日本农产品质量安全管理体系的成功案例。日本农产品质量安全管理体系,对农产品生产记录全程进行电子化管理,为农产品建立透明的"身份档案",通过联合 CPC 商务产品编码体系,采购方、消费者使用该系统生成的产品溯源二维码或数字编码通过互联网平台、手机终端可快速查询到相关生产信息,从而实现全链条溯源,可以有效满足消费者知情权,让消费者放心采购和消费。同时,通过这种措施可以提高生产者科学生产自律意识,提升农产品品牌,更好地促进农产品流通销售。

(二) 完善农产品质量安全追溯平台的驱动机制

农产品追根溯源平台的搭建,能够在很大程度上保障农产品质量安全。农产品追根溯源平台搭建主要包括三个方面工作:一是纳入多种类型参与主体。将各种主体加入到该平台,就能够保证主体的生产过程信息都储存在平台当中。当前,我国农产品质量安全追溯平台仍然没有能够很好地发挥作用,究其主要原因在于其没有相关的立法保障。没有法律法规作后盾,

难以保证各参与主体的积极性和合法性。二是通过引入企业标准化生产管理的理念,制定农产品标识补贴政策,通过如实记录过程信息,保证农产品质量安全。三是加大农产品质量安全的宣传力度,创造更多可能的消费需求,从而调动农产品生产企业的积极性。比如,完善农产品安全生产质量机制评价体系。评价体系的建立应当遵从评价的全面性、问题的适用性、定性指标和定量指标结合、可操作性等;评价指标的选定上,分为主体参与(主体覆盖率、参与度和积极性)、标识管理(标识统一性、认可度及使用量)、过程记录(信息采集的类型、方式以及披露比例)、平台搭建(功能、兼容、拓展及可持续性)、行政监管(激励制度、日常监管、应急处置)、综合效应(农产品品牌推广、消费者关注度、满意度、政府公信力等)六大类;在评级方法上,包括层次分析法、模糊综合评价法、AHP-模糊综合评价法三大类。

健全产地环境安全政策。制定有关耕地质量管理条例,对耕地质量管理、人员队伍建设、经费投入等作出详细的明确规定,保证农产品数量及质量。启动禁止生产区域的划分,加强根据产地环境进行分类管理的制度安排。通过对农产品生产基地源头的管理,切断有害物质对农产品质量的侵害。

健全农产品安全生产检测体系。安全生产检测体系不仅包括产品的认证,还包括突发事件的应对措施。整合检测机构,实现中央及地方、中央各机构、国内及进口农产品检测之间有效配合的体系。重点研发安全生产的重要检测技术及设备、健全检测信息网络、培养高素质的检测队伍,进而提升农产品检测能力。加强企业农产品的自我检测,改变政府机构在检测体系中"一支独大"的局面,充分发展企业自行检测的作用。对农产品的全产业链进行监测监控,对农产品污染源、污染物以及食源性疾病进行快速、全面的监测定位。最后,加强农产品品牌建设。调整农业产业布局,大力发展有机农产品、无公害产品的推广,以市场为导向,支持区域内农业龙头企业的发展,不断提升其品牌知名度及竞争度。

(三)完善农产品质量安全溯源配套制度

农产品质量安全溯源配套机制,主要是由农产品备案机制和农产品质量安全生产财政补偿机制构成。

从完善农产品备案机制的角度来看,要求农产品供应链上的各个环节、各经营主体要向农业行政主管部门进行备案,由政府部门进行信息核对与审核,以掌握真实的基础信息。同时,配合农产品信息披露机制的建立,满足不同农产品主体的要求,各主体可以根据农产品的特点和差异化需求,选择不同的披露方式和披露内容。

从完善农产品质量安全生产财政补偿机制的角度来看,农产品安全生产补偿范围分为质量成本补偿和信息成本补偿两个方面。质量成本补偿中包括三种补偿:一是产地环境保护补偿。对"三废"的无公害处理、产地环境的检测成本、产地环境的修复治理等。二是安全投入品的补偿。在生产过程中使用的清洁能源、有机肥、合规农药等,在加工环节投入的高价防腐剂、添加剂等,对优质安全农产品技术投入等。三是农产品质量安全生产培训补偿。对农产品生产者进行安全生产及技能培训,促使生产者掌握更多安全生产、监管、法律等知识,提升农产品安全生产意识及水平。信息成本补偿包括产品认证补偿及硬件建设补偿两个方面:产品认证补偿是指对于生产者产品认证产生的成本、生产记录建立产生的成本、自检自控带来的成本进行补偿;硬件建设补偿是指对农产品质量风险评估、质量安全信息平台的搭建、质量认证机构、监管体系产生的成本进行补偿。风险评估机构负责对农产品安全的风险进行监控,通过对重点地区、产品的监测,可以实时把握农产品安全生产状况,消除潜在的风险隐患。质量认证机构是指对无公害农产品、有机产品进行认证的机构。质量安全信息平台,有利于搜集农产品安全生产的全面信息,有利于农产品质量安全的预警和追溯。

第四节 农产品生产与流通的全流程风险分摊机制

农业作为一种风险系数较大的行业,带有明显的不确定性,给农业从业人员带来巨大的风险损失,同时也会给农业消费者带来不必要的消费支出。目前来看,我国农业风险主要包含自然风险、市场风险、技术风险和社会风险。为有效规避农业风险,加快健全农业风险管理体系显得至关重要。我国现有的农业风险管理体系主要是以政府和社会灾害救济为基础,以农业生产者风险自控为主导,以农业保险市场化为辅助手段的体系。

一、农产品的风险特点和种类

风险是一种不能够确定损失的状态。由于农业生产的特殊性,其典型的风险主要为两个方面:一是从产出到收获期,由于气候的变化、病虫灾害等原因导致农产品产量降低,农户经济收入下滑。二是由于农产品价格的剧烈波动带来的风险,农产品的价格可能会受到国际农产品情况以及国内宏观经济的影响,农产品的价格波动直接造成农民的收入变化。

由于农业生产面临着很多不确定性风险,也就使得农业风险具有很明显的地域性、复杂性、多变性。加上人们对于农业风险的认识程度不尽相同,使得对于农业风险和农产品风险的认知存在偏差。一般来看,农业风险主要包括自然风险、市场风险、技术风险、社会风险四类。

（一）自然风险

主要是指农业生产过程中不可避免地会受到一些不可抗力的影响,这种不可抗力主要来源于自然界。自然界的不规则变化,会带来各种自然灾害,比如风灾、暴雨、洪涝等各种自然灾害。针对自然风险而言,农业保险对象主要包括气象灾害、病虫害等方面。近年来,伴随着世界各国异常天气的出现,以及我国自然灾害频发,导致了农业的自然风险有增强的趋势。

（二）市场风险

主要是指农产品在生产和销售过程中,由于受到市场因素的风险而带来的影响,这种市场风险主要是由于市场供求关系不平衡和农产品价格波动等因素引起的。农产品的市场风险主要是因为农产品生产者经营不善,或者农产品销售者信息不对称所带来的损失。其中,影响农业生产最为重要的因素是价格波动。从马克思主义政治经济学理论来看,价格会围绕着价值上下波动,这种上下波动会带来生产价格的上涨或下跌,会对市场造成一定的影响。

（三）技术风险

主要是指在农业生产环节,存在的农业生产的技术问题。伴随着科学技术的快速发展,农业科学技术在农业生产环节扮演着重要的角色。农业技术水平的提高,在很大程度上提升了农业的市场竞争力,但是伴随着农业技术的改进,农产品品种也会出现品质下降、多样性减少等潜在的风险,这种风险会给农产品生产带来一定程度的损失。

（四）社会风险

主要是指由于社会行为对农业生产造成的损失。这种损失可能来自产业关联者,如农业生产资料经营者、农产品收购者等的不良信用和经营中的不良行为都可能造成上游生产者的损失;也可能来自非产业的关联者,如各种环境的污染导致农业生产环境或条件的恶化可能给农业生产者带来的损失。

二、农产品生产与流通全流程风险分摊机制的构建

农业风险分摊机制是指多个主体共同构成的风险分摊体系。根据相关机制安排,农业生产者、政府部门、保险公司、经销商、消费者等各主体在系统中承担不同程度的风险。其中,生产者是农产品生产的主要责任承担者,其他各主体依据在农产品生产和流通环节的作用不同,而表现出不同的风

险分担成本。

农业风险是农民必然要面临的风险。与其他行业存在风险不同的是，农业风险具有更多的不确定性，而且农业风险的可抵御性较差。农业生产者是农产品生产的主要负责人，因此在风险分担中承担主要责任。政府由于扮演公共管理的角色，在农业风险中承担的责任主要体现在对市场的维护上。农业风险系统的分担机制主要体现在市场主体的市场契约关系机制和社会责任机制两个方面。

（一）农业风险的市场契约关系机制

1. 保险机制

保险机制是以约定的保险费和赔率保障约定的损失额度由保险公司赔偿的机制，具体形式是由保险公司和农业生产者之间签订农产品保险合同，保险机制以自然风险保障为主，包括一般农业保险和农业政策性保险。农业保险根据具体保单内容主要分为产量保险、价格保险及收入保险。我国目前主要承保的是由于自然灾害、意外因素导致的农产品产量损失的赔付，即产量保险。但是现实中，在农产品产量大幅增加情况下，农户收入反而下降，因此“谷贱伤农”的状况成为当下农业保险研究的重点。对于农产品价格和农民收入的保障问题，农产品价格保险和农民收入保险是最直接的方式，可以让农民成为最终受益者。按照约定价格，农民可以对农产品价格和自身收入支付保险公司一定保费。按照约定，当农产品价格低于保单内说明的最低价格或者农民收入低于保单内说明的最低收入时，农民可以要求保险公司进行一定的赔偿，有效保障农民的最终收入和利益。如果农民对价格和收入投保，可以安心进行生产生活，不需要担心农产品市场价格的变化，以及自己收入的不确定性。此举也可以提高农民生产生活的积极性，但是重点是农民能否接受这类保险，以及保险产品的定价问题。此外，根据是否强制性参加保险，可以分为商业保险及强制性保险。商业保险采取自愿的原则，强制性保险则是从保障农户基本利益出发要求其必须参加的保险。

2. 价格合约机制

价格合约机制是指市场交易主体通过农产品购销价格合同形式约定未来农产品价格，或在现货交易市场上以市场谈判价格形成合约交易的机制。从模式看，这一机制可以划分为“农产品生产者—农产品消费者”“农产品生产者—农产品经销商”“农产品经销商—农产品消费者”三种。期货市场具有价格发现、风险转移的作用，对于规避农产品市场价格风险起着至关重要的作用。农产品需求者可以在期货市场上买入相应的农产品，等合约到期后直接交割，从而可以锁定农产品的买入价格，降低未来的买入风险。农产品生产者可以通过期货市场卖出相应的农产品,锁定农产品未来的卖出价格及收入,降低未来卖出风险。此外,通过众多期货投机者的参与,在预期价格较低时买入期货合约,预期价格较高时卖出期货合约,使得期货市场的价格接近于理论价格,为现货市场农产品的定价提供支持。

(二) 农业风险的社会责任机制

企业社会责任是当前很多企业需要面对和亟待解决的问题。如果企业没有社会责任,则会扰乱市场经济健康发展,也会对经济社会可持续发展造成负面影响。社会责任机制是一种政府失灵和市场失灵的双重补偿机制,能够有效弥补政府和市场各自不同利益导向的缺陷。在这里,志愿者发挥了重要的调节作用,其主体主要包括个人、公益性组织和相关企业。而农业风险则主要是针对农业生产者而言,较大的农业风险往往会导致农业生产者收入减少。此时,志愿者可以通过公益性购买服务等方式,分担相关农业风险。

第四章　我国农产品生产与流通协调机制的运行

在科学构建农产品生产与流通协调发展机制之后，需要营造良好的机制运行环境，以保障机制的有效运行。本章就农产品生产与流通协调机制进行分析。

第一节　农产品生产与流通利益平衡机制的运行

农产品价值链是相关利益主体根据自身利益最大化进行博弈、谈判确定各种利益关系集约而成的。考虑到农产品的市场竞争环境、质量和安全控制等外部约束，农产品价值链纵向整合的目标就是充分建设好流转环节、降低各环节的成本，尤其是农产品生产的生产成本和组织成本。

一、农产品产业化经营组织形式的运行

农民专业合作社是在农村家庭承包经营基础上，同类农产品的生产经营者或者同类农业生产经营服务的提供者、利用者，自愿联合、民主管理的互助性经济组织。农民专业合作社成立十几年间，对于推动农村社会经济发展、提高农业水平以及增加农民收入提供了更为便利的基础性条件。通过建立和不断完善以农民合作社为主体的农业产业化经营方式，能够更加贴合农民需求，更加适应农业发展需要。当前我国农业产业化的主导模式，就是逐步形成的以农民合作社为龙头、以互助合作为纽带的一体化模式。农民专业合作社也必然成为“十四五”时期以及未来一段时期内农业发展的主要形式，对于农业产业化的发展具有重要的推动作用，是农业产业化的重要突破口。

第一种形式是契约型关系。所谓契约精神是指存在于商品经济社会，由此派生的契约关系与内在的原则，是一种自由、平等、守信、救济的精神。虽然我国农业发展历史悠久，但是与国外发达国家相比，我国农业初级产品以及初级产品加工水平相对较低。为了提高当前我国农业经济效益，需要以契约关系的组织形式来维系农产品延伸产业的发展，通过发展相关农产品深加工业，拓展农产品生产链条，增加农产品的科技含量，摆脱以往农产

品以初加工为主的形态，也逐渐转变我国居民消费以鲜食为主的状态。同时，由于契约关系的存在，使得农产品产业化经营管理形式更加适合市场需求，更加满足农民的种植需要，有助于转变农产品的结构，提高技术和管理能力，增加农民收入，助力乡村振兴。

第二种形式是具有明确的产权关系。产权关系是产权主体之间，在财产的占有、支配、使用、收益、处置中发生的各种关系的总和。要从源头上提高农业效益，提升农业产值，增加农产品加工的效率，提高农民收入，就必须明确产权关系，进而确保农民的合法权益，分散和降低农民在生产中的各种风险。在当前阶段，我国农业合作社仍然是最主要的发展方向，符合当前提升农业生产力的需要，也符合我国社会主义生产力的发展阶段，不仅能够保证农业的顺利开展，更能够外溢到加工和流通等领域，分散农业风险。这主要是因为农业合作社连接了生产者、销售者、加工者以及消费者等各个群体，形成了较为集中的集体利益。这种集体利益有助于加快农产品的生产与流通，推进农业发展和提高农民收入。

从理想的产业化经营组织形式而言，应大力发展“农户+合作社+企业”的经营模式，鼓励支持农民合作社、养殖大户、家庭农场等建设农业基础设施，引导农民愿意以土地经营权、林权和设备等入股农民合作社和涉农企业的经营活动，推进农产品直供直销等生产与流通模式建设。最为关键的，是要支持合作社等发展加工流通，从产业链角度进行垂直整合，压缩农产品生产流通环节，提升农产品附加值。比如，推进“粮食银行”建设，探索成立粮食在收割后统一进行烘干、贮存、深加工和销售。各级政府要加强完善法律支持体系，保障促进农民专业合作社的发展，提高合作社运行的效率与水平，完善农民合作社内部民主决策流程、利益分配机制、监督机制等运行机制。另外，引入职业经理人，提升合作社管理层的管理水平，进而提高合作社的经营能力和运行效率。在这些基础上，还可以在已有的农业专业合作社之上跨区成立农业专业经济合作联盟，将专业合作组织拧成一股更大的合力，形成集体品牌，成为价值链的驱动者，让农民分享更多的附加值。

二、完善农产品政策措施

在农产品利益平衡的运行中，政府可以完善政策措施，平衡产业价值的分担，相关政策措施可以从财政、税收、金融等方面着手。

（一）加强财政税收政策支持

加强财政支持政策。完善农产品生产流通专项资金支持，积极扶持农产品的加工原料基地、公共设施以及物流配送体系的建设和技术改造，支持符合条件规定的农产品生产加工企业、合作社等主体申请有关项目和资金。完善农产品生产的补助政策,新型农业经营主体购置仓储烘干设备、信息化设备等,按规定享受农机购置的相关补贴政策。完善农产品初加工和精深加工的补助政策,若有条件的地方可以扩大补助资金规模。

健全税收支持政策。积极推进增值税抵扣相关试点工作,各地可以选择部分行业来增加农产品增值税进项税额的核定扣除。具体来讲,农产品加工企业可以凭相关收购发票按照规定来抵扣增值税,在相关国家鼓励类项目中,有关农产品加工的企业在进口国内缺乏的先进设备时,可以相应扣减所需缴纳的增值税。加快落实农产品初加工企业所得税的优惠政策。

强化用地用电等优惠政策。支持农村集体经济组织以集体建设用地使用权入股、联营等形式与其他单位、个人共同兴办农产品加工企业。完善农业园区征地、农村建设用地、点状征地等政策,将农产品加工用地列入土地利用总体规划和年度计划,认真落实农产品加工用地政策,优先安排园区用地。城乡建设用地增减挂钩节余的用地指标要重点支持农产品产地精深加工等业态发展。切实保障农产品加工用电,落实农产品加工用电执行农业生产用电价格的政策。

(二) 强化金融服务,改善贸易投资条件

强化金融服务。鼓励银行业金融机构加大信贷支持力度,积极开展厂房抵押和存单、订单、应收账款质押等融资业务,创新“信贷+保险”、产业链金融等多种服务模式,为农产品生产、收购、加工、流通和仓储等各环节提供多元化金融服务。政策性金融机构要在业务范围内适当扩大农产品加工担保业务规模,将农民合作社兴办加工流通企业列入农业担保体系支持范围,完善“银担合作”机制和风险分担机制,为农产品加工企业融资增信。支持符合条件的农产品加工企业上市融资、发行债券。积极推广小额信贷保证保险等新型险种,鼓励农业担保与农业产业链加速融合,探索开展农产品质量安全保险。

改善投资贸易条件。鼓励农产品扩大出口,引导符合条件的农产品加工企业开展对外合作,加大对其出口信用保险的支持,强化在融资和通关等方面的便利化服务。支持企业申请国际认证、专利、商标、品牌、标准等,鼓励使用人民币计价结算和收付资金。

三、提升农产品产业价值链

农产品价值链的提升通过农产品生产与流通全流程的创新来达到,创新动力主要来自生产者价值驱动和客户价值驱动两种,两种价值驱动形成

了农产品生产与流通的不同创新路径。

（一）生产者价值驱动

要重视生产者价值驱动的流通创新模式。生产者价值驱动的农产品流通创新模式，往往要求厂商或农户能更多地占有农产品的价值，主要通过流通组织创新来实现。如何将分散的农户形成组织化的流通主体，提高农户的谈判能力，是农产品流通组织创新的一项重要内容。农业合作社、产销一体化农产品龙头企业等主要农产品流通组织的创新路径，可以提高农户在产业价值链中的价值占有份额。

（二）客户价值驱动

客户价值驱动的农产品创新模式要求消费者的价值诉求被充分尊重，主要通过以消费者价值为核心的流通业态创新或商业模式创新来实现。"互联网+农产品"流通模式下，由于信息瓶颈被打破，最终消费需求信息被迅速传递至生产端，促使订单式农业成为可能。在现代物联网技术的支持下，农业生产如蔬菜大棚可以实现远距离监控与产品信息回溯，保障农产品消费的安全，为消费者提供绿色、可靠、安全的农产品供给。"现代体验式+众筹式+订单式农产品"流通模式已经出现，这就是以客户价值驱动的创新模式。"互联网+"技术所催生出的农产品流通商业模式的创新，例如京东、阿里巴巴等国内电商巨头对农产品流通带来了革命性变化，提高了农户以及消费者福利。

（三）打造"互联网+农业"

在互联网时代推进我国农产品流通创新，需要资金、技术、人才等各类优质要素的投入，需要政策的扶持。政府在推进农产品流通创新机制建设中要承担起相应公共产品供给的职责。

第一，从农村层面来看，要培养农户的互联网意识及其应用能力。要加大农村信息网络建设。完善农村物流体系，培养从事农产品流通的相关从业人员。要实施普惠金融，并安排专项惠农资金，鼓励农户进行"互联网+农产品流通"的创新和探索。支持与引导农户走网络型合作化道路，提高农民在数字经济时代的组织化程度。

第二，从企业层面来看，要培养农产品流通企业的创新精神、创新机制与创新能力。政府应支持电商企业下乡，开发农村电子商务市场，并从资金、信贷、财税等方面予以扶持。设立专项农产品流通企业优惠政策的制度安排。鼓励发展农产品跨境电商。

第三，从产业层面来看，要推进农产品流通产业整体创新能力创建，加强农产品流通产业园区与创业中心建设，鼓励返乡大学生以及"城归"回乡创业,为创客提供资金、技术、场地、税收等各类支持。提高产业园区的集聚能力,吸引优质生产要素聚集农产品流通产业。建议在有条件的农村地区建立“农产品电商特色小镇”。

第二节 农产品生产与流通价格诱导机制的运行

农产品价格诱导机制的运行,首先要保证农产品能够按照市场价格运行。当前,我国农产品价格实行的最低收购政策,只能保证农产品的最低价格,政府托底效应明显,容易造成农产品市场价格的扭曲,因此农产品市场价格的形成机制势在必行。此外,政府还需加大对农户的补贴,在农产品市场价格运行机制下保障农户的基本经济利益。

一、价格形成机制的运行

(一) 收购

在我国,按农副产品在国民经济中的重要程度不同,分别采取不同的收购价格形式,不同阶段收购政策也有所调整。从 1953 年起,国家陆续对关系国计民生的一类农产品,如粮食、棉花和油料作物等,实行统购价格;对部分二类农副产品,如重要的经济作物和畜产品等,实行派购价格。由于这种统购、派购价格形式具有指导性计划收购价格的性质,已逐渐不适应形势发展的需要。从 1985 年起,除个别品种外,国家逐步放开价格管制,对上述重要农产品不再实行统购价格形式,而按照不同情况分别实行合同定购价格和议购价格。

(二) 批发

农产品批发价格可以从农产品销售方和农产品购买方两个层面展开分析。从农产品销售方的视角来看,农产品价格应该包括农产品成本,销售方对于农产品的预期价格,以及所获取的利润三部分构成。其中,农产品成本不仅包括农产品生产成本,还包括为农产品提供流通所发生的运输费用。生产成本受到自然环境、人力投入和资金投入等多方面的影响,而运输费用则受到地理条件的影响较大。由于农产品属于基础性产品,替代性较强,所以农产品的市场交易环境很容易影响到农产品的价格。同时,由于农产品不易储存,导致农产品对于市场的反应极为敏感,价格波动也较为频繁。

对于农产品购买方而言,农产品价格主要受到农产品价值、交易环境以及购买者希望得到的最合理价格等因素影响。购买者往往希望能够通过议价,进一步压低农产品价格,以最少的投入获取更多的农产品。一方面,农产品本身的价值决定了购买者是否选择该商品的主观意愿，如果农产品本身属性符合购买者的预期，则购买者会愿意承担相应成本，这对于不同的购买者而言是不一样的。但是，即便是同一种农产品，其交易环境发生变化，农产品价格也会发生不一样的变化。例如在超市和农贸市场的交易中，即便是同一种蔬菜，也会因为租金、交易成本等的不同，导致销售价格发生变化。交易环境有时候在农产品交易中发挥着更为重要的作用，当某一农产品极为稀缺时，农产品的价格将会极度升高。另一方面，农产品的交易是销售方和购买方双方博弈的结果，销售方希望能够用最高的价格获取更多的利润，而购买方则更加希望用最低的价格满足更多的需求。双方一个抬高物价，一个不断压低价格，只有双方达到最大许可限度的时候，交易才会完成。因此，双方对于农产品信息的掌握程度将直接影响到最终的农产品交易价格。只有当一方占据农产品信息的主导地位时，才能够更占有优势，具有更高的议价权。

（三）零售

农产品价格是通过市场供求双方共同协商妥协的结果，农产品的零售也是销售者与购买者博弈的结果。只不过零售形式所发生的交易地点、交易量、交易频次不同。农产品零售更多发生在面对面的交易中，交易量较小，交易频次较低。与其他商品相比，农产品价格更容易受到季节性和地域性的影响。同一种农产品，由于处在不同的交易环境和交易条件下，交易价格可能会相差较大。但最重要的是，农产品的零售价格也是由供给量和需求量的关系决定。本书将提供四种模式下的零售价格形成机制：

第一，直营模式。直营模式是由超市负责农产品生产与流通的所有环节，也就是直接从农产品的生产到销售都由其把关，减少了中间的运输环节，也就在很大程度上降低了农产品的交易成本。因此，直营模式对于超市而言，大大降低了成本，具有很明显的价格优势。然而，这种模式也存在着缺陷，即所有环节由超市把控，也就意味着其所需要承担的风险较大、责任较大。这种风险取决于超市人员的素质，如果素质过硬，则会给超市带来更多的利润；反之，则将会使得超市遭到不必要的损失。

第二，配送模式。这种模式不同于自营模式，其进货渠道不再是直接与生产者对接，而是通过中间的贸易商或者生产基地进行，供应商会按照相关要求按时按量交付对方。这种模式的选择基本是一些大型超市，其价格会根据市场变动和超市的预期利润而发生变动。配送模式更好地贴合超市的需求，原因在于超市对于农产品的需求量较大且稳定，其在农产品价格的定价权上具有更多的主动权。

第三,联营模式。这种模式是超市和供应商共赢的销售方式。在该模式中,供应商负责农产品的销售,而超市只不过为农产品销售提供一定的场地和广告宣传。供应商则需要负责农产品的配送和销售两大环节,此时的农产品价格主要由市场价格、超市提供场地的租金,以及销售方的利润构成。

第四,专柜模式。这种模式是供应商在超市直接设立产品专柜,以更好、更直接地推广农产品,扩大农产品的销售。该模式中,超市只需要提供必要的交易场地,其他所有环节均由供应商负责,这种销售模式更适合于具有一定品牌影响力的大型供应商。此时的农产品价格主要受到供应商和超市的双重影响,如果供应商的品牌效应好、超市的营业口碑佳,则更容易吸引消费者。

二、价格调控机制的运行

农产品目标价格制度是国家对农产品进行价格补贴的重要参考,对农户的农产品价格起到保障作用。具体的操作标准是农户和政府之间对相应的农产品协商一个合理的价格,当农产品收获时的市场价格低于协商的价格时,政府出资根据农产品的市场价格和目标价格的差额情况对农户进行补贴,合理保障农民的收入不受市场价格波动的影响。当前我国对水稻、小麦、棉花等主要农产品采取的是最低收购和临时储备的政策,保证了农户的最低生产价格。但是从政策运行的结果上来看,最低价格使得农产品市场价格“托底”信号明显,形成了农产品“只涨不跌”的市场预期,市场供求关系在农产品定价中难以发挥有效作用。此外,部分农产品由于难以和市场价格同步,造成国内外该产品的价格差异很大,进而造成农产品进出口价格上的损失。农产品目标价格机制与现行农产品支持政策的区别在于,农户可以按照市场价格进行交易,由市场价格下降产生的收入损失由政府进行补贴,而不是政府直接对农产品价格实行行政类干预,影响市场价格的形成。因此,目标价格既可以保护农户的经济利益,同时也减少了政府对农产品市场价格的扭曲,从而可以更好促进市场在资源配置中起到决定性作用。

政府实行反周期的财政补贴,保证农户的经济利益。农产品生产的季节性导致了价格必然存在明显的周期性特征。当前,我国部分农产品价格调控存在“止涨不止跌”的倾向:当部分农产品上涨时,政府会通过补贴等形式刺激农产品的生产,增加农产品供给。这种做法虽然保护了消费者的利益,却也压缩了生产者的获利空间。增加供给的政府放大了“蛛网效应”,容易造成“谷贱伤农”这种情况的发生,损失了生产者的利益。所谓反周期的财政补贴政策，是政府根据农产品的价格周期变化对农民进行补贴，当农产品价格高于农民的预期时，减少市场干预；当农产品的价格与农民的劳动成本不相适应时，对农民的收入进行相应的补贴，保障农民的收入不会因为价格的降低而减少。此外，还可以成立专项基金，减轻财政负担。由于政府财政收入有限，为了保证农产品相关政策能够顺利实施，可以借鉴西方国家的经验，由政府牵头，成立专门的基金，配合政府进行具体的市场操作。例如，欧盟成立的共同农业基金，根据市场上农产品的供求状况适时出手，保证农产品价格稳定。共同农业基金主要是通过影响农产品的供需情况来影响农产品价格，当农产品价格较低时，可以使用共同基金来购买农产品，增加农产品的需求，需求提高而农产品的供给不变，农产品的价格自然而然会升高，从而维持农产品的市场价格稳定在合理水平。日本针对部分农产品如蔬菜、牛肉等成立价格平准基金，由政府、农业协会、生产者三方按比例共同出资成立专项基金，当农产品的市场价格低于基本价格后，由该基金向农户支付市场价格与基本价格之间的差额，保证农户的经济利益。

（一）充分发挥市场机制的调节作用

党的十九届五中全会指出，坚持和完善社会主义基本经济制度，充分发挥市场在资源配置中的决定性作用，更好发挥政府作用，推动有效市场和有为政府更好结合。政府与市场之间的关系是处理农产品生产与流通最重要的两个方面，政府在农产品市场中发挥着调控作用。农产品市场是关系人民生活水平的关键市场。科学合理调节农产品市场秩序，对于经济社会发展具有重要作用。在农产品生产与流通环节，政府应该在战略高度上加以关注，并且注重宏观调控的作用，统一政府宏观调控和市场机制，而不是把两者隔离开来。依据现有政策，农产品生产与流通应该更加注重市场的调节作用，坚持农产品价格市场化形成机制的方向不变，农产品的宏观调控也必须要遵循农产品的周期性变化，允许正常范围内的价格波动。另外，需要严防农资价格的过快上涨向农产品传导。在严防农资价格过快上涨的基础上，农产品价格的合理上涨，有利于缩小与工业产品价格的剪刀差，可以在一定程度上保证和提高农产品的供给，这也是工业反哺农业的重要组成部分，促进农业产量的增加和农民收入的提高，充分调动农民生产的积极性。

目前，农产品价格调控的重点是抑制农产品价格的剧烈波动，稳定生产预期，最大限度地降低价格波动给农业生产经营活动带来的负担，避免生产价格和消费价格之间的较大落差，真正实现“惠农惠民”。

（二）多种调控手段相结合

对于市场的调控手段而言，不仅仅只有政府和市场两种手段。从另外一个角度而言，也可以通过经济手段和法律手段同时调节市场运行情况，尽量降低由行政手段带来的市场低效率。加强经济手段和法律手段的协调，可以不断优化农产品价格支持措施，创新农产品补贴方式，加大对农产品生产和流通环节的调控。在农产品补贴方面，根据国际相关规则和经验，农业补贴应该与产量和面积相结合，避免农产品价格发生扭曲。但是，从发达国家农产品生产与流通的经验来看，除了美国采取固定直接补贴的方式之外，其他国家（如日本、韩国和欧盟）都采取了补偿性补贴，这些补贴都与农作物的播种面积、数量相关，这样对农产品市场价格的形成具有较小的影响。因此，从国外经验来看，虽然各个国家农业政策不尽相同，但是价格支持政策始终是农业补贴的基础性措施，这也为我国农产品市场的生产与流通提供了较为鲜明的借鉴。

（三）将价格支持政策与农业政策性银行结合起来

现阶段农业发展银行直接为种粮农户服务的业务并不常见。由于是政策性银行，农业发展银行可以直接与农户对接，与农户签订契约式种粮贷款合同。同时，可以遵循国际相关规则中的"绿箱"政策，逐步扩大农业发展银行对于农业的支持范围和农业支持力度，使其真正成为支持农业发展的重要补充。通过农业发展银行与其他方式相结合的形式，形成立体化的农产品价格支持体系。

三、价格传导机制的运行

从影响农产品价格传导机制的因素中筛选主要因素，分析影响传导机制良好运行的关键内容，从而确保农产品价格传导顺畅，稳定农产品价格，保障农产品的供给，促进农产品市场的稳定健康发展，确保人民生活和经济社会的基本稳定。

（一）加强农产品信息化建设

通过信息化渠道引领农产品流通，将是未来农产品主要的流通方式。加强农产品信息化建设，能够有助于畅通农产品销售渠道，推进农产品的流通。造成农产品价格传导不顺畅的最主要问题，是农产品价格信息的不对称。通过搭建农产品信息化平台，建立集政府、企业、农户等多方主体参与机制能够尽可能消除信息不对称的影响，保证农产品从生产到消费各环节的畅通。在数字经济时代，"互联网+"技术必须应用于农产品的流通中去，不断契合市场多样化需求。同时，农产品信息具有一定程度上的公共服务属性，政府应该在农产品信息化建设中发挥一定的主导作用，成为农产品信息化建设的主体。

（二）深化农产品流通体制改革

一个成熟的流通体制能够把政府、市场、消费者和生产者连接起来，使得市场供求信息快速传递，生产者快速了解消费者需求市场价格走势。这需要规范和健全的农产品市场体系，需要多样化的市场主体以及现代化的流通网络信息体系。发达的市场经济需要成熟健全的市场体系来保障，纵横交错的农产品市场包括产品的集散需要按照产销流程以集散形式有序进行。参与农产品市场流通的主体包括个人和各种形式的组织，比如农业流通的龙头企业、农业专业合作社和协会等。加快在农产品的流通中建立现代管理体系，推动农产品准入制度等重要基础性制度建设，保证现代交易的高效顺利进行。

（三）全产业链模式重构现代农产品流通体系

农产品流通领域容易发生许多矛盾和冲突，价格“过山车”似的暴涨暴跌，“农民卖不出、市民买不到”等问题频出。这些流通困局，反映出我国农产品流通领域的落后和脆弱。目前，农户超市对接、直供直销、网上交易等农产品流通形式有所发展。构建全产业链农产品流通模式，需要通过核心组织对流通过程的上中下游企业进行协同整合管理，形成一个联系紧密、合作共赢、分工明确、目标协同的有机整体。核心组织凭借在资金、物流、销售中的强大作用对生产到销售各个环节进行协调，产业链中的每个环节依据自身的地位和价值链的分工，充分发挥自身职能和价值创造功能，确保农产品的供应和质量在整个流通过程中得到保障。这样一来，全产业链的农产品流通模式通过合作共赢维护各个主体的利益，通过协同统一来保障农产品价格的传导，避免价格的大起大落，实现农民利益、消费者利益和中间流通环节主体利益通过核心组织达到利益最大化协调一致。

第三节　农产品生产与流通全环节质量控制机制的运行

农产品生产与流通全环节质量控制机制需要从质量安全评价、政策推动、立法约束及市场拉动三个角度来考虑。通过农产品整个产业链中相关主题进行备案管理、以标识为载体对信息进行传递，产品基本信息自主披露，明确各方主体责任，实现农产品质量可控、可信。为了确保农产品的稳定安全生产，政府可以使用财政补贴政策以及健全农产品安全生产方面的法律法规等手段。

一、加强产地安全管理,强化农业投入品监管

(一)加强产地安全监测,做好科学合理的安全生产规划与污染治理

加强产地安全监测普查工作。积极探索建立农产品的产地环境监测评价体系,集中力量对农产品的主产区以及郊区、矿产区域周边的农产品产地进行监测,重点掌握水土资源环境的变化。通过对全国环境状况的普查,全面掌握全国产地污染数目,做好农产品产地的环境严密监测。

做好产地安全科学规划。结合监测情况分析,对农产品产地安全根据环境安全等级进行功能划分和定级,以无公害农产品的产地认定为基础,严密推进农产品产地划分安全生产区域。结合农产品产地安全情况,在合法合规的基础上,有计划、分步骤地划定为食用农产品生产的适宜区和禁止区。根据农产品产地安全等级,确定合适的农产品种植品种,及时调整种植种类和区域布局。对于污染较重的农产品产区,加紧探索建立重金属污染区的生态补偿体系。

加强产地污染治理。依据产地环境安全的监测情况,制定科学有效的产地污染防治与保护规划,建立并严格遵循农产品生产地区的环境保护和污染治理修复制度,改善农产品产地环境。大力推广清洁生产的绿色环保技术,有效减少源头污染。加强农业生产的水资源和土壤的环境治理,禁止污染源流入农业生产阶段的环节。加强生态环境修复,对已经污染的重金属区域,探索重金属污染耕地修复工作,调整种植结构,降低或消除污染对产地农产品质量的影响。各部门加强协调监管,加大环境污染处罚力度。

(二)严控生产准入标准,规范生产经营活动

强化农业生产准入标准。探索建立农业投入品准入标准,对农药、肥料、饲料、兽药和饲料添加剂等其他农业投入品进行登记注册和审批管理。加强对农业投入品安全性评估和使用效能评定,建立高危投入品负面清单,快速推进小品种农作物的农药登记备案。加强农业投入品生产许可安排,严格把控生产许可的准入条件,对于农药、肥料、饲料等农业投入品的生产质量安全进行规范管理,对违规添加行为严惩不贷,持续提升农业投入品的生产质量和安全水平。

规范农产品生产经营行为。强化农业投入品经营主体的经营准入管理,开展经营备案许可。落实建立农业投入品经营诚信档案,健全完

善高毒农药的定点经营和实名购买的安排，及时动态淘汰不合规经营主体，确保农药等投入品的良好经营规范。建立农产品供应的主渠道，完善农产品直供直销体系，着力构建新型农产品供应体系，提高优质放心产品的供应渠道和供应网络，让更加广泛的消费者可以享用优质安全的农产品。

（三）加强农产品安全执法监督，严厉打击农资假冒伪劣供应

加强执法监督，开展农资质量重点领域市场监管。完善法律法规，推进农药、肥料投入品经营管理等法律法规的制定、修订，强化农业投入品监督管理。构建有效的农业投入品监管信息大数据平台，将农业投入品质量纳入可追溯信息平台，进行全程信息化监管。进一步完善农业投入品监测抽查制度，严格监测农业投入品的使用规范，严格把控农药、肥料和添加剂等的科学使用，严防农业投入品的无节制乱用和滥用，落实兽药的休药期和农药使用的安全间隔期，定期有规划地对农业投入品经营主体展开巡查和相关产品抽检。

深入开展农资打假，建立农资打假的长效机制。重点针对农资产品开展质量监督检查，对农村地区和城乡接合部、流动商贩和农资批发市场的重点领域进行监督检查。要始终保持高压态势进行监管，严厉打击制作、售卖假冒伪劣农资产品的行为，对未进行合规审批、包装不合理的违规行为进行督促整改。在严厉打击农资产品违法犯罪行为的同时，积极探索农资打假的长效机制，加强地区协调，开展建立地区之间联合行动，探索互联网农资监管协作平台，实行监管联动机制，显著提升农资打假的有效性和信息化水平。

二、规范农产品生产行为，推行农产品追溯管理

（一）强化农业标准化生产指导，推行农产品档案管理

加强建设示范体系，强化农业标准化生产指导。政府监管部门以及农业技术推广服务部门为农村农民、农民专业合作社等生产基地提供全程技术指导服务，引导农民规范种植养殖，科学调整种养结构，推广新技术的运用和新产品的使用，不断提高农产品的质量安全标准。强化对农产品生产过程的质量进行督导巡查和把关，推进农产品经营者在农业投入品使用和提供农业生产中的问题解决方案。

农业标准化是农业现代化重要组成部分。随着农业全球贸易的不断增长，对于农产品的标准要求越来越规范和统一。农业标准化是现代农业发展的必然要求，也是有效保证农产品质量安全的有效措施。以农产品质量

安全标准体系的建立为突破口，科学制定农兽药残留标准，力争与国际农产品生产标准接轨。建立农业标准化生产的示范基地，扩大各类农产品的示范区域，培育农产品示范品牌。支持各地方立足本地资源优势，调整农业生产结构，加强农产品生产基地的品牌建设，提升地方整体农业生产水平，争做农业标准化生产示范区，充分发挥在产地管理、全环节把控等方面的示范带头作用，以品牌引领农产品的提质增效，提高公众对于农产品和相关加工制品的消费信心。

有序推进农产品质量安全档案管理。为规范农产品生产过程，需要治理和保护农业生态环境，大力推广绿色防控，降低化肥农药的使用，逐步推行农产品安全生产档案记录。如实记录病害的发生、农业投入品的使用情况、质量检验检测等。通过建立农产品质量安全生产档案，积极引导和激励农产品生产经营个体和组织进行安全生产，自觉建立和完善安全档案制度，保证农产品的质量。

（二）推行农产品的产地准出和市场准入管理，加强农产品质量追溯

农产品产地准出和市场准入机制，是提高农产品质量安全的重要举措，是确保农产品安全消费的重要手段，事关消费者健康和全社会的稳定。健全农产品产地准出和市场准入机制，不仅可以促进农业发展，还可以提高农民收入，对于提升农产品市场竞争力具有重要作用。因地制宜建立产地准出管理，严把生产质量安全关，进行生产自查和委托检验，对产品质量进行严格记录，需提供安全生产记录和制定单位出具的产地证明才能给予准出，做好产地准出和市场准入的衔接机制。

积极推行农产品质量追溯体系，了解农产品生产、加工、流通、销售等环节的历史，保障食品安全。从农产品的运行来看，从生产到原料进厂到生产加工再到消费者购买使用，包含了农产品的生产、贮存、供应、运输、消费等诸多环节，涉及生产者、物流商、消费者、行业组织、政府部门和技术机构等部门。质量追溯系统对产品的相关信息进行记录存储，实现产品各方面信息能够正向可追踪和反向可追溯。农产品的安全关系到人民身体健康，农业发展和社会稳定。当前，在我国实行农产品可追溯体系具有十分重要的意义。应建立全覆盖的多层次质量追溯信息平台，完善建立追溯制度，对农产品生产企业、家庭农场、合作社等大型种植养殖主体开展质量追溯试点。建立一批农产品质量可追溯示范基地，带动各生产单位树立产品质量责任意识，增强责任感和使命感。充分发挥质量把关的主体作用，以点带面，发挥模范带头作用，引领更多生产主体和中小企业参与到农产品质量追溯体

系的建设，逐步实现生产、收贮、运输、监管、监测、销售等全环节全方位的质量追溯体系。

二、强化农产品“收储运”环节监管

（一）加快落实收购储存环节的监管责任，做好风险预警分析

落实收购储存环节的监管责任，健全完善收储主体的安全信息。严格落实质量安全主体责任，梳理农产品收购、保鲜、储存和运输等环节的监管要求，理清各环节的责任主体情况，建立农产品经营主体信息数据库，检验农产品收储的环境条件和技术标准是否符合安全规范和要求。探索实施农产品收储和运输责任主体的登记备案管理制度，建立交货检验、档案记录等农产品信息，开展自查、督导检查，及时发现和整改违法违规行为，保障农产品的消费安全。农产品上市种类多、数量大，收、储、运主体繁杂，农产品流向众多，要进一步理清农业、食品监管等部门的监管职责，落实监管主体责任，确保农产品监管无盲区。

（二）加强包装材料管理，切实做好农产品、畜牧产品的无公害处理

制定专门的规章办法，强化农产品收、储、运等环节的保鲜剂、防腐剂、添加剂的管理。实行登记管理制度，建立完善安全评价工作。加强对重点领域、重点区域、重点环节和重点产品的监督检查，“三剂”的使用必须符合国家的技术规范要求，防止农产品的二次污染。农产品的生产主体、合作社和收储运输单位对销售的农产品包装质量进行负责。强化对农产品包装的跟踪抽检，宣传推广先进绿色的防腐保鲜技术和保鲜材料，发展农产品原产地的保鲜储存冷链物流。

为防止动物疫病的传播扩散，要加强畜禽屠宰监管和无害化处理，确保畜牧产品的质量安全和畜牧业的健康发展。落实屠宰环节的监管主体责任，加强组织领导，督促进厂检查登记、“瘦肉精”自我检查制度。未经检验合格的产品严格禁止销售，落实生产、储存、运输和监测记录，严厉打击非法屠宰行为。强化无害化处理的制度规范，明确从事畜牧饲养、屠宰和运输的单位或个人以及农产品的生产、运输、储存等个人、单位或组织是无害化处理的第一责任人。落实无害化处理的责任承诺书，做到目标明确、责任清晰，确保监管措施及时到位。严格执行无害化处理的补偿措施，引导责任主体主动建设和引进无害化处理技术设备，改善人居环境，降低食品风险隐患，提高畜禽和农产品的安全水平，保障食品安全和生态环境。

四、强化对突出问题的专项整治和应急处理工作

（一）深化农产品安全的突出问题治理

全面排查风险隐患，对有关农产品安全的突出问题进行专项整治工作，对区域、行业、系统性的风险逐一消除，解决农药残留、非法添加剂、产地水土污染和假冒伪劣农资产品等突出问题。强化农业行政执法与刑事司法的有效衔接，加强部门间的联动监管机制，对违法犯罪案件的线索研究、联合侦破工作建立奖励机制，严厉打击农产品质量安全违法犯罪行为，坚决破除危害食品安全的行为。

细化各级农业部门的农产品检测责任分工，强化农产品监测和风险评估工作。依托于国家政策的大力支持，积极部署农产品质量安全评估工作，对监测标准、监测技术和设备进行改进，显著提升农业生产过程中农产品质量和安全的监测工作实效。为了对农产品进行有效监测和预警，强化对监测数据的分析利用，支持建立相关农产品监测分析信息平台，利用大数据分析技术对数据分析与整合，系统掌握农产品在生产过程中的质量安全问题，以此为基础搭建农产品质量安全预警平台。由于农产品的多样化，各类农产品的质量安全标准和分析预警框架不尽相同，需要深化风险监测的广度和深度，根据不同种类的农产品特点调整监测力度和监测范围，切实摸清质量安全风险因子的种类和范围，为农产品质量安全的科学检测和监管提供依据。

（二）强化农产品质量安全问题的应急处理工作

加快建设突发事件的应急处理体系，落实应对突发事件的责任任务，对于农产品质量安全的突发问题，应提高应急处理能力。实时动态监测质量安全舆情，构建舆情监测、分析、预警、研判、跟踪、处理、通报机制，及时处置和化解突发的农产品舆情，防止舆情的蔓延和炒作。提升快速处置舆情的能力，在最短的时间内开展依法、科学、有效的处置，最大限度地降低负面信息的危害程度，保护农产品消费安全，推动农业健康有序发展。

加强农产品质量安全信息的宣传引导。充分利用互联网、报纸等传播工具，普及农产品质量安全工作，营造健康消费、安全生产的良好舆论氛围。对公众关心的农产品质量安全热点问题，及时组织权威人士进行科学解读，对农产品质量安全的不实报道和谣言予以澄清，并对相关人员依法进行处置。

五、着力提升农产品质量安全监管能力

做好农产品从田地到餐桌的全环节监管工作是一件十分重要的工作,关系到农业的健康发展,农民的收入稳定。如何提高质量安全监管能力,确保农产品消费安全是当前农业监管部门亟须解决的任务。全面提升质量安全监管能力,不仅要从大的方面完善监管法律法规体系、质量安全标准体系等,还要在生产环节建立科学的基层监管队伍。通过制度化管理政策手段,全面提升农产品质量监管能力,提高农产品质量安全水平。

(一)加强农产品质量安全监管体系建设

加快完善农产品质量安全监管体系。探索在地县两级农业部门建立专门的农产品质量安全监管内设机构,依法全面落实对农产品质量安全的监管责任。加强监管执法,综合农业综合执法、动物卫生检疫监督、渔政管理等专业力量,强化对农产品质量安全的执法监督和处置。加强监管队伍建设,根据我国农业技术推广的特点以及管理体系的建设,可以在基层设立农产品质量安全管理员体系,积极协调当地政府充实编制内和编制外人员,通过技术培训考核,建立一支监督管理能力过硬、质量安全知识过关的质量安全监督管理员队伍,履行质量安全监管的职责,推广农业安全生产加工技术,提高农业监管部门的服务能力。

加强农产品质量安全监管科技支撑。完善科研经费支出管理办法,加大农产品质量安全监管科技投入,加大力度研发农产品标准化生产、农产品质量安全风险评估、检验检测、污染修复等技术,加快农产品质量安全高科技成果转化和前沿安全技术的推广。健全风险评估机制,找准农产品生产和农产品流通环节质量安全的关键因子,找准农产品生产和收贮运环节的危害影响因子和关键控制点,分门别类制定农产品质量安全关键控制管理指南。

(二)加强科普知识宣传,强化服务引导

基层管理员队伍要承担农业生产技术技能的培训工作,推广农业生产质量安全控制技术,保障生产环节的质量安全,落实各项农业监管任务,从源头上控制农产品的质量安全。定期组织法律法规知识的宣传,提高生产经营主体的质量安全责任和意识。依托农业院校开展农产品科普培训和职业教育,建立和推行前沿农产品生产技术和新型农业投入品的影响评估。提升专业研究能力,快速跟踪研究和研判民众关心的敏感、热点问题,加快壮大农产品质量安全专家队伍,提升农产品质量安全技术力量和风险评估能力,及时回应社会舆论关心的内容。发挥新闻媒体的传播力量,加强农产

品质量安全的生产培训指导和健康消费引导，及时宣传农产品质量安全知识和进展成效，普及关于农产品质量安全的科学知识，提高公众农产品消费信心。

鼓励社会力量参与，依托农产品质量安全风险评估实验室、农产品质量安全研究机构等技术力量，整合标准检测、认证评估、应急管理等技术资源，全面开展优质安全农产品生产全程管控技术的培训和示范，建立覆盖全国、服务全程的农产品质量安全技术支撑系统和咨询服务平台，构建便捷的优质安全品牌农产品展销、展示、选购和咨询服务体系。

第四节 农产品生产与流通全流程风险分摊机制的运行

农产品生产与流通的全流程风险给农业生产带来了极大的不确定性，给相关的农业从业者造成巨大的收益风险，同时也威胁到了消费者的消费安全。目前，在我国农业风险的管理体系中，基本是依靠政府和社会危害救助补贴的方式为主。加快建立以农业保险为支撑手段、全面合理的风险管理体系，有助于保障农业生产者的基本利益，促进农业经济的良性发展。

国家相关政策明确提出，要稳步扩大"保险+期货"试点。改变原有的农产品价格风险转移方式和农产品补贴方式，创新构建"农业+保险+期货"的业务模式，是保险与期货行业聚焦供给侧改革、参与农产品价格形成机制的重要举措，也是多层次资本市场服务"三农"和贯彻新发展理念的重大创新。

一、大力发展完善农业保险体系

实行商业及强制性保险并行的农业保险制度。农产品生产由于受天气、疫病等自然因素影响，使得生产数量及质量面临诸多不确定性，进而产生较大的价格风险。在运输过程中，同样会因为天气等自然因素影响农产品运输，产生质量变质等结果。因此，通过保险的形式对农产品从生产、运输、消费全流程进行保障，可以降低农产品生产者、中间商的风险。保险分为商业保险与强制性保险两种。商业保险遵循的是自愿、平等原则，农产品相关人员可以根据自身需要自行投保。强制性保险是指根据法律、法规，某一特定群体必须投保某种保险。农产品保险品种具体包括农产品价格保险、产量保险以及收入保险等形式。农产品价格、产量、收入保险是指农户将农产品价格风险、产量风险或者价格与产量产生的收入风险向保险公司转移，农户只需安心生产即可。

当前，农业保险的覆盖面和保费补贴持续增长。随着农业国际化和经济全球化的不断推进，全球各国高度重视和发展农业保险，特别是近年来农业保险对于支持农业经济发展的作用不断增强，为全球农业的稳定发展发挥了重要的保障作用。在我国推动农业保险的现代化，必须走中国特色农业保险之路，从传统的单一农产品保险向价格、产量、收入和指数保险全面险种过渡，逐步实现现代化的农业保险商业模式。利用大数据、物联网和云技术等现代计算机技术，形成“互联网+保险”的商业模式，加快提升保险队伍的现代化能力水平，系统掌握现代农业保险技能和管理方式。

（一）逐步完善农业保险政策体系

完善农业保险政策体系。农业保险政策不仅是政策支持农业生产，保障农民收入的单一政策补贴行为，更是一项长期的、制度化的、综合的农业支持体系。完善政策性农业保险，在强化和坚持基础保费补贴的同时，进一步完善市场准入、经费补助、税费优惠、巨灾防范和再保险发展等各项配套制度体系，逐渐形成综合性的农业保险支持系统。

（二）制定多元化的农业风险保险险种

农业保险险种要具有多层次性。充分考虑各种农业风险的可能性，根据地域不同、时期不同、标的不同、等级不同制定不同的保险险种和理赔内容，丰富农业保险险种的结构，增加参保主体的可选择性。中央农业保险保费补贴重点关注粮食安全和重要农产品供给方面，鼓励地方开展多样化的保险品种，创新和细化保险类别，促进农业保险从单一化向多类别、多元化转变，增加各参保主体的选择自由度。开展各类综合指数类保险，比如价格指数型、气象指数型等。

（三）健全基层农业保险服务体系

农业经营具有强季节性。与一般的商业保险不同，农业保险的标的物一般是有生命周期的动植物，保险的对象是进行农业生产经营的主体。主体的生产经营技术会影响动植物的生长状况，从而影响保险理赔数额。应该创造条件让专注农业领域的保险公司建立自己的农业基层服务队伍或者联合已有的技术推广部门进行生产经营技能培训，充分发挥基层服务网络作用，降低生产风险，更好地减灾防灾。

（四）简化农业保险经办手续

我国农业经营多数是分散的、规模小的个体经营，农户的文化水平普遍不高，习惯于通俗易懂、简单明了的保险。为此，农业农村政策要尽可能简明扼要，减少冗长复杂的保险条款，尽量减少办理环节，简化理赔方式和手续。简化农业保险手续是鼓励农民参保的主要方式,也是降低保险签约成本的重要手段。特别是农业保险市场处于培育阶段,最重要的是调动农民参保的积极性。

(五) 建立完善现代农业保险经营机制

现代农业保险的宗旨是服务"三农",以现代经营管理技术手段,构建事前防范、事中处理、事后理赔的一条龙服务。应建立和完善降灾、防灾和灾后重建的新型经营体系,拓展和延长农业保险链条,提高保险服务能力。

(六) 完善保险保费分担机制

依据中央和地方财政水平、权责关系和保险类别的理赔先后,妥善分配国家、地方和农民之间的保费比例,围绕国家粮食安全,以保障重点农产品为基础,逐步降低粮食主产区的配套比例。保险政策要向新型农业生产经营主体倾斜,表现出支持农业适度规模经营的政策引导倾向。

二、推动农产品期货市场加快发展

农产品期货市场的价格发现和规避风险功能使其在农业现代化、农村经济繁荣和农民增收方面发挥了重大作用。目前,我国已经上市的农产品期货品种达到22种,农产品期权品种两个,涵盖粮、棉、油、糖等主要农产品,初步形成粮食、油脂油料、纺织加工等较为完整的风险控制工具,促进了我国现代化农业风险管理体系的发展。同时,越来越多的农业生产经营主体参与期货市场进行规避风险,行业的抗风险能力显著增强。

大力发展农产品期货市场,降低农产品价格风险。期货市场具有分散风险、套期保值、价格发现等作用。目前,我国农产品期货市场仍处于初级阶段,存在着农产品期货品种较少、投资主体不成熟、相关配套政策不完善等问题,因此应该着手解决当前期货市场存在的问题,促进我国农产品期货市场健康、平稳发展。

(一) 根据市场需求增加期货市场品种

一般来说,农产品现货市场和期货市场关系紧密,现货市场上产品交易量大、易于存储、易于分级、价格波动较大的品种也可以应用于期货市场,因此可以根据农产品现货市场的品种适当增加期货市场的品种。

加快完善新品种的上市机制,推动新品种的上市,推进现有期货品种做精做细。建立以需求为导向的期货新品种上市机制,研究探索适应涉农生产经营主体需求的农产品期货新品种。通过完善农产品期货的交易交割制度,优化保证金制度等,提高农产品期货市场的流动性,为农产品生产经营企业参与期货市场提供便利条件。

（二）不断完善期货合约制度，支持培育新型农业经营主体

近年来，我国通过开展大豆、棉花目标价格制度改革，推进玉米价补分离收储制度的改革，激发了市场活力。农产品期货市场在这一过程中发挥了重要作用，积极配合了相关制度的改革。

新型农业经营主体的培育是推进农业供给侧结构性改革的重要举措。近些年，证监会围绕农产品期货市场的完善积极指导期货交易所开展服务市场活动，通过召开农产品产业大会，加大力气服务新型农业经营主体，推动理顺政府监管和市场无形之手的关系，形成了若干服务“三农”的期货品种品牌。另外，以精准扶贫项目为抓手，创新发展农村金融服务，以“基地”为依托，不断推广金融服务现代农业，总结相关典型案例，充分借助互联网、短信、微信等平台，向广大农民和涉农企业及时公布权威的期货信息。这些创新举措，有力地支持了农业产业化龙头企业做优做强。

（三）规范农产品期货市场参与主体的行为，完善市场的监管运行

规范农产品期货参与主体的行为，提升套期保值的活跃度。期货市场存在投机和套期保值的多重功能，但是当前我国农产品期货市场主要以投机机构为主，农户及企业参与较少，投机氛围浓厚。期货市场投资门槛较高，单个农户很难参与期货市场，因此可以通过建立农业相关合作社，以高于市场预期价格对农产品进行收购，同时在期货市场上进行套期保值交易。根据投资收益，对农户进行二次分配，提高农户参与的积极性。

完善我国农产品期货市场的监管及运行。我国期货市场行政干预色彩浓厚，期货交易所均不能自行决定新产品的市场，当市场发生异常时，不能自主采取调高保证金、限制平仓等权力，自主性受到限制。

（四）加强农产品保险市场和农产品期货市场的联动机制

农业保险和农产品期货市场是农业生产中风险管理的重要金融工具。农业保险可以合理保障农民收入，减轻突发事件和自然灾害等对农民收入的剧烈影响。农产品期货市场是保险公司对农业保险产品定价的主要参考标准，不仅可以为保险产品提供定价支持，还可以让保险公司进行农产品价格的风险对冲，缓解由于农产品价格变化而集中赔付造成的损失。当农产品价格高于保单设定的价格时，农户无法进行理赔，保险公司获得保费收入；当保单价格高于农产品收获时的市场价格时，如果发生理赔，那么保险公司会由于大量理赔造成损失。所以保单的保底价格是农产品保险的关键，此时期货市场可以发挥自身的价格发现功能，对保险市场的农产品保费提供价格支持。保险公司合理利用期货市场工具，有效进行风险规避。具体来说，在保险公司和农户签订相应的农产品保单时，可以在期货市场上卖

出相应的期货合约,进行农产品的风险对冲,从而降低保险公司风险。

三、加强农产品生产与流通环节的契约交易

农产品的契约交易指农产品的生产者和购买者(以下用"农户"和"企业"表述)之间签订协议或其他承诺方式,约定产品的交易数量、价格、时间等,并按照规定进行实物交割的交易类型。可以看出,农产品的契约交易既不是即期现货交易,也不是远期期货交易,而是一种远期的现货交易形式。

契约交易的实质是通过契约交易的签约和履约,减少在现货市场交易中的不确定性,实现生产、加工和流通环节的连接,降低市场交易成本。在发达国家的农产品市场中,农产品契约交易的比重高且提升快,已经发展成为稳定农产品市场的重要手段。

农户和企业之间交易存在零和博弈行为,各自按照自身利益最大化的方式形式,生产与流通环节的风险分担平衡性显得至关重要,一旦风险分担存在不平衡性,另一方就退出契约交易,交易的稳定性也会受到威胁。

(一)固定合约和随行就市价格下跌的风险分担机制的运行

固定合约的交易是按照合约规定的固定价格在规定时间内进行交割。固定交易价格名义上降低了未来价格的不确定性,但交易双方的风险报酬会受到市场价格波动的影响,假如市场价格波动较大的话,交易双方会根据风险收益和损失权衡自己是否履约,使得履约与否变得不易确定,无形中提高风险转移的概率。随行就市价格一般是指交易双方对交易价格不作出具体的数额规定,按照交割时的市场现价进行。由于交易的合约价就是市场价,双方不存在风险损失和风险收益,这时农户和企业各自承担价格波动带来的风险。但与一般交易的不同点是,契约交易对农户和企业具有约束功能,不存在销售和采购风险,只是需要承担价格风险。一般来说,固定合约价适用于交易量大、市场波动幅度小、质量外观要求不高的大宗农产品,而对市场价格波动较大的农产品采取随行就市比较适宜。

(二)保护价下的风险分担机制运行

保护价是指在合约设计中加入保护价条款,条款规定当市场价格低于保护价格时,交易双方按照保护价进行交割,如果市场价高于保护价,则按照市场价交割,也就是说"价低补偿保护,价高随行就市"。大多数农户是风险厌恶型,不愿意承担价格波动带来的风险,保护价制度下,农户可以确定最低收益,而企业承担了价格波动带来的风险。保护价制度运行的有效性取决于两个因素:一是保护价设定的高低。保护价定得过高,企业负担太重,保护价定得过低,农户也不愿意,所以需要科学的保护价定价标准。二

是企业经营风险的控制。由于承担所有价格的波动风险，所以企业经营风险控制力弱的话，就会缺乏制定保护价的动力。要培养敢于制定保护价收购的能力，合理控制经营风险，提高农产品收购质量、拓展产品销售能力、强化内部管理效率，从提质增效降成本的角度化解经营风险。保护价制度一般适合附加值高、利润空间大的企业。

（三）浮动价下的风险分担机制运行

在合同签约的设定条款内，当市场价格波动较大时，设置一个相对于合同价格的浮动价格。比如，当市场价格高于合约价格时，为了弥补农民所遭受的损失，设置一个上行浮动比例；反之，当市场价格低于合约价格时，降低一定比例的价格以弥补企业所遭受的损失。浮动价格合约的设计原则是受益于合同价格的一方让出部分收益给另一方，从而平衡风险收益。浮动比例的高低代表风险的共同分担程度，在签约过程中要设置一个双方都接受的浮动比例，需要花费一定的协调费用。为了保护农民的利益，可以设定上行浮动比例大于下调的浮动比例。

（四）利润分成制度下的风险分担

生产加工企业先以合约价或者保护价收购农产品，然后经过加工销售后所获得的利润，按照一定比例返还给农民。利润分成计划是以企业盈利为基础，在产品的市场价格一定的情况下，企业的利润大小受制于农产品原材料的价格，如果合约价或保护价过低，虽然可以增加企业利润，但相当于农民让渡部分收益，农民可以从利润分成中得到补偿。利润分成计划下，农民的风险补偿跟企业的经营利润相联系，企业的经营利润愈高，农民得到的风险补偿愈大，农民与企业共担风险，共享利润。

综上所述，契约交易是交易双方对未来风险的配置方式，从而有效降低了商品价格的风险，每个农业契约都是对风险和收益的事前约定，可以平衡双方的风险关系和利益矛盾，在农业结构调整、增加农民收入方面起到了积极作用。

第五章　我国农产品生产与流通协调模式的创新

本章在前文农产品生产与流通协调发展的机制设计及其运行环境分析的基础上，借鉴前人研究成果，就农产品生产与流通协调模式设计进行创新。

第一节　基于供给侧结构性改革的农产品绿色生产引导型模式

一、供给侧结构性改革的提出背景

改革开放以来，我国经济得到了快速发展，市场经济体制逐渐完善，经济结构趋于合理。特别是在 2010 年，一跃超过日本成为世界第二大经济体。我国经济大国的地位已经逐渐显现。到 2021 年，我国实现国内生产总值达 1143670 亿元，是改革开放之初 1978 年 3678 亿元的 310. 9 倍。我国经济发展进入新常态，经济增速呈现放缓态势，两位数高增长时代已经过去。2020 年国内生产总值增速为 2. 3%，主要是由于新冠疫情突发，疫情的传播速度和影响范围广，对中国经济造成了较为严重的冲击，叠加经济结构性问题，两者共同作用给中国经济带来了严峻挑战。2021 年国内生产总值增速有所回升，增速达到 8. 1%。

我国经济已经不再如以往保持高速的增长，而逐渐变为中高速平稳发展。与此同时，我国人口增长态势也出现转折。国家统计局公布的数据显示，2012 年，我国 15—59 岁劳动年龄人口在相当长时期里第一次出现了绝对下降，同比减少 345 万人，这意味着人口红利趋于消失。伴随着我国人口红利的衰减、“中等收入陷阱”风险的增加，我国经济发展开始进入新常态，这种新常态表现为经济增速的放缓，社会形势发生变化。

长时间以来，我国经济增长依靠需求侧的投资、消费和出口“三驾马车”拉动。近年来，党中央明确提出要坚持扩大国内需求特别是消费需求的方针，促进经济增长由主要依靠投资、出口拉动转向依靠消费、投资、出口协调拉动转变。由此表明，我国长期以来坚持扩大有效需求，经济社会

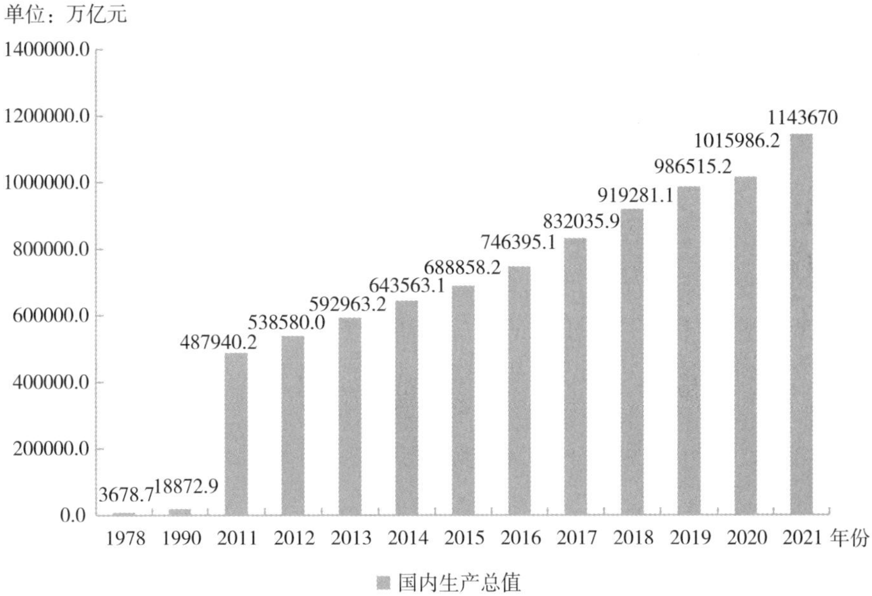

图 5-1　1978—2021 年中国 GDP

资料来源:国家统计局。

发展取得了举世瞩目的成绩。但是,随着经济发展的阶段性变化,我国经济结构出现了产业结构、区域结构、要素投入结构、排放结构、经济增长动力结构和收入分配结构等的供需错位,不再适应新时代发展的要求。特别是近年来,经济社会发展形势发生了变化,仅依靠需求侧将很难实现更高水平的发展。因此,需要从土地、资本、制度创造和创新等要素的供给侧入手,通过结构性改革来推动经济高质量发展。推动供给侧结构性改革的目的,就是要从提高供给质量出发,用改革的办法推进结构调整,提高供给结构对需求变化的适应性和灵活性,矫正要素配置扭曲,扩大有效供给,提高全要素生产率,更好满足广大人民群众的需要,促进经济社会持续健康发展。

供给侧结构性改革的提出,还有一个原因在于我国要素资源约束趋紧。我国是一个长期存在二元经济结构的国家,尽管资源储量较为丰富,但是人均资源占有量低,且经济增长过多依赖于对资源环境的破坏。一味地索取资源和高耗能使得本就资源紧张的局面更加严重。资料显示,我国是世界上国内生产总值能耗最高的国家之一,淡水资源、一次能源、钢铁、水泥、有色金属等主要资源的平均消耗强度要高出世界平均水平 90%。矿产资源对外依存度也很高,进口压力不断增大,石油、铁矿石、铜精矿、铝土矿等对外依存度均超过50%。我国资源要素的边际供给增量已经难以支撑农业经济高质量发展的需要。

早在2015年11月,中央财经领导小组第十一次会议就已经着手研究经济结构性改革问题。2017年10月18日,习近平总书记在党的十九大报告中指出,要深化供给侧结构性改革,必须把发展经济的着力点放在实体经济上,把提高供给体系质量作为主攻方向,建设现代化经济体系。推动供给侧结构性改革,其根本目的在于提高社会生产力水平,落实好以人民为中心的发展思想,使供给体系更好适应需求结构变化;其科学方式是用改革的办法推进结构调整,减少无效和低端供给,扩大有效和中高端供给,提高全要素生产率;其有效路径是在适度扩大总需求的同时,去产能、去库存、去杠杆、降成本、补短板,从生产领域加强优质供给,增强供给结构对需求变化的适应性和灵活性。

二、农业领域的供给侧结构性改革

农业一直以来备受党中央高度关注。党的十八大以来,中央更是坚持把解决好“三农”问题作为全党工作重中之重,并提出加快补齐农业现代化短板。2016年12月,中央经济工作会议强调,2017年是供给侧结构性改革的深化之年。随后,中央农村工作会议首次提出,深入推进农业供给侧结构性改革,并对农业供给侧结构性改革作出重要部署。2017年2月,中央“一号文件”《关于深入推进农业供给侧结构性改革加快培育农业农村发展新动能的若干意见》将主题直接定位在供给侧结构性改革上,指出其主要目标是增加农民收入、保障有效供给。2017年9月,国务院印发《关于加快推进农业供给侧结构性改革大力发展粮食产业经济的意见》,明确大力发展粮食产业经济的总体要求、重点任务和保障措施,这是国家印发的粮食产业经济方面的第一个专门文件。随后,农业供给侧改革多次在中央“一号文件”中进行强调。2018年,中央“一号文件”《关于实施乡村振兴战略的意见》提出,要以农业供给侧结构性改革为主线,加快构建现代农业产业体系、生产体系、经营体系。2019年,中央“一号文件”《关于坚持农业农村优先发展做好“三农”工作的若干意见》强调,要围绕“巩固、增强、提升、畅通”深化农业供给侧结构性改革。2020年,中央“一号文件”《关于抓好“三农”领域重点工作确保如期实现全面小康的意见》指出,用发展新理念破解“三农”新难题,厚植农业农村发展优势,加大创新驱动力度,推进农业供给侧结构性改革。2021年,中央“一号文件”《关于全面推进乡村振兴加快农业农村现代化的意见》也进一步强调,要深入推进农业供给侧结构性改革。当前我国农业发展面临着几大突出问题,亟须从供给侧方面加以调整。

第一,农产品供求结构错位。从我国粮食产量指标来看,我国粮食产量整体上稳中有升。以各项内容来看,玉米是我国粮食产量的重点,从表5-1可以看出,玉米产量始终占到粮食总产量的34%—40%之间。但是,玉米近几年出现库存积压、价格走低的态势,许多地区玉米销售情况不容乐观。

表5-1　2010—2020年我国粮食产量(万吨)

年份	粮食	小麦	玉米	豆类	薯类	花生
2010	55911.3	11609.3	19075.2	1871.8	2842.7	1513.6
2011	58849.3	11857.0	21131.6	1863.3	2924.3	1530.2
2012	61222.6	12247.5	22955.9	1680.6	2883.0	1579.2
2013	63048.2	12363.9	24845.3	1542.4	2855.4	1610.9
2014	63964.8	12823.5	24976.4	1564.5	2798.8	1590.1
2015	66060.3	13255.5	26499.2	1512.5	2729.3	1596.1
2016	66043.5	13318.8	26361.3	1650.7	2726.3	1636.1
2017	66160.7	13424.1	25907.1	1841.6	2798.6	1709.2
2018	65789.2	13144.0	25717.4	1920.3	2865.4	1733.2
2019	66384.3	13359.6	26077.9	2131.9	2882.7	1752.0
2020	66949.2	13425.4	26066.5	2287.5	2987.4	1799.3

资料来源:《中国统计年鉴2021》,中国统计出版社2021年版。

从粮食产量的进口数据来看,我国大宗农产品特别是大豆进口数量呈现递增态势。20世纪90年代中后期以来,大豆需求急剧增长,但由于国内大豆产量低、成本高,大豆自给率持续下降。2020年,我国大豆进口数量为10031万吨,比2010年4255万吨增加5776万吨,是当年小麦进口数量的11.97倍,是稻谷和大米进口数量的34.12倍。由此数据表明,供求结构错位成为当前农业供需矛盾的突出表现。

表 5-2　2010—2020 年我国粮食进口数量(万吨)

年份	谷物及谷物粉	小麦	稻谷和大米	大豆
2010	315.0	90.0	36.0	4255.0
2011	571.0	123.0	39.0	5480.0
2012	545.0	126.0	60.0	5264.0
2013	1398.0	370.0	237.0	5838.0
2014	1458.0	554.0	227.0	6338.0
2015	1951.0	300.0	258.0	7140.0
2016	2199.0	341.0	356.0	8391.0
2017	2559.0	442.0	403.0	9553.0
2018	2047.0	310.0	308.0	8804.0
2019	1785.0	349.0	255.0	8851.0
2020	0.0	838.0	294.0	10031.0

注:2020 年进口谷物及谷物粉在年鉴中未进行统计。

资料来源:《中国统计年鉴 2021》,中国统计出版社 2021 年版。

第二,农产品生产成本增加。以粮食为例,2018 年我国粮食平均生产总成本达到了 1093.77 元/亩,比 2010 年的 672.67 元/亩增加了 38.5%。造成农产品生产成本增加主要有两个方面:一是农业劳动力成本增加导致农产品生产成本刚性增加。“十三五”期间,农民工收入平均年增长 10.3%。农业劳动力成本的提升,提升了农产品生产成本,受成本增加影响最大的是棉花、玉米、大豆、油料、小麦、糖料等大宗农产品。据调查,新疆人工采棉成本占棉花价格的 40%左右,广西甘蔗收割成本已经占食糖价格的 30%左右。这些产品受进口冲击最大,因为主要出口国的机械化程度高、经营规模大、价格竞争力强。在劳动力价格大幅度提高时,如果创新跟不上,就会落入“中等收入陷阱”。二是农业生产性要素市场价格波动上升。在与国际接轨的市场开放格局中,国内各地区与国外农产品价格之间优劣竞争也更加激烈。随着原材料价格的大幅上涨,农药、化肥、农产品种子、机械化生产等必要农业生产资料投入的价格也随之呈现上涨态势。总体而言,我国农产品供给面临着国内国外两个市场的双重冲击。

第三,资源承载力制约农产品供给转型。长期以来,我国农产品生产片面追求产量增加,通过大量使用化肥、农药等化学物质来提高农产品的供给量。这种盲目追求产量的方式,加剧了耕地资源和水资源的消耗,加重了环境污染问题,给农业可持续发展带来了严重威胁。当前,农业生产受到农产品价格"天花板"压顶和生产成本"地板"抬升的双重制约,农产品生产粗放、供求结构失调、农业面源污染问题严重失衡,生产成本过高、资源错配及透支利用等突出问题,是长期以来农业发展深层次问题和矛盾的集中显现。

三、农产品绿色生产

近年来,伴随着我国工业化和城镇化的不断推进,农业逐渐进入发展新阶段,出现了农产品供求两旺的发展态势。由于居民生活水平的不断提高,粮食和主要农产品消费也已经进入了结构转型期。在消费品的选择上,我国居民正在逐渐转变以往以薯类、水稻等为传统主食的习惯,人均肉、蛋、奶、水产品等消费品的需求正在不断增加,全国口粮和蔬菜需求趋于稳定。就种植面积来看,总体来说,我国各类主要农产品较为稳定。其中,玉米种植面积最多,2020 年达到了 412640 平方千米;小麦其次,为 233800 平方千米。由此表明,在国家粮食安全政策的支持下,我国粮食生产比较稳定,农产品供应相对充足。

表 5-3　2010—2020 年农产品种植面积(平方千米)

年份	小麦	玉米	薯类	棉花	油料	糖料
2010	244590	349770	80210	43660	136950	18090
2011	245230	367670	79980	45240	134710	18340
2012	245760	391090	78210	43600	134350	18870
2013	244700	412990	77270	41620	134380	18440
2014	244720	429970	75440	41760	133950	17370
2015	245960	449680	73050	37750	133140	15730
2016	246940	441780	72410	31980	131910	15550
2017	245080	423990	71730	31950	132230	15460
2018	242660	421300	71800	33540	128720	16230
2019	237280	412840	71420	33390	129250	16100
2020	233800	412640	72100	31690	131290	15680

资料来源:《中国统计年鉴 2021》,中国统计出版社 2021 年版。

但是，不可否认的是，我国农产品生产过程中，仍然存在着许多亟待解决的问题。

第一，农产品生产对资源环境的破坏程度大，农产品质量安全受到威胁。目前，我国是世界上使用化肥、农药数量最大的国家，地膜用量和覆盖面积也已经位居世界首位。如此大的用量，对土壤的污染较大，而且废旧薄膜造成了严重的白色污染。在农业生产过程中，农民只关注粮食产量，而忽视了对环境资源的保护。施肥结构和用量的不科学、不合理，也降低了化肥使用效率，我国化肥流失量约占施用量的 70%，极易造成硝酸盐积累，甚至影响地下水和耕地土壤质量。同时，畜禽粪便也日渐成为城郊农业环境的主要污染物，由于粪便中含有大量的氮磷化合物，这些化合物进入土壤后，会转化为硝酸盐和磷酸盐，污染地表水和地下水资源，使水体溶解氧量大幅减少。

第二，绿色农产品受国外冲击严重，竞争力较弱。农产品的国际竞争力的经济实质，是一国特定农产品在国际市场上与竞争对手的产品相比表现出来的农业生产力。目前来看，我国农产品中，除了水稻外，小麦、玉米、大豆、油菜等农产品的生产成本要远远高于国际市场价格。而且，我国粮食生产成本正在以年均 10% 的速度递增，由此带来的单位农产品交易成本较高，在国际市场中难以形成较强的竞争力。而对于蔬菜、水产类的农产品而言，我国此类品种产量较大，生产成本较低，市场价格明显低于世界平均水平 20%—70%，差异性竞争有一定优势。之所以我国农产品竞争优势总体不高，主要原因在于劳动者素质较低、人力资本稀缺，没有引入先进的经营管理经验、缺乏技术支撑，难以形成规模化、现代化管理，也就使得农业的组织化程度低。

第三，绿色产品的信任危机依然存在。信任危机是当前我国经济社会运行中面临的较大挑战，也是阻碍绿色农产品发展的瓶颈。我国绿色农产品主要分为无公害食品、绿色食品和有机食品三类，其认证也归属于不同部门。2016 年 12 月，国务院办公厅印发《关于建立统一的绿色产品标准、认证、标识体系的意见》，对绿色农产品认证进行了规范。我国绿色农产品分为 A 级和 AA 级：A 级为初级标准，即允许在生长过程中限时、限量、限品种使用安全性较高的化肥和农药；AA 级为高级绿色农产品。尽管不少市场主体也推出了各种绿色农产品，标明了详细的产地信息等，但是由于信任危机，部分消费者难以辨明真伪，对绿色农产品的认知尚处于不明朗状态。

综上分析，所谓农产品绿色生产，是指在将绿色原材料投入渗入到农产品的种植、饲养、初级加工等各个环节，以工业化理念保证农业的清洁生产的过程。这一过程，可以尽量减少农产品过程中物质（如养分、农药等）排入水体或大气中，最大限度降低生产活动引起的环境污染，通过资源的节约、重复利用等手段尽量降低资源消耗的速度以及资源使用量，实现生产成本的节约。

四、农产品绿色生产引导型模式

针对前述问题及产生背景，可以基于供给侧结构性改革，推行农产品绿色生产引导型模式。在此，要明确“生产引导型模式”的内涵，具体是指通过农产品的生产活动进而引导农产品的流通及消费过程。传统农产品生产是以家庭为单位的小型生产，存在生产分散、产量低的特点。构建农业生态产业园可以连接生产者、居民与自然生态系统，优化物质及能源的投入与产出，促进内部资源的高效利用、减少对外部废物的排放，最终形成环境污染小、安全生产、集约生产的可持续发展模式。

农产品供给侧结构性改革的重点在于农产品的生产供给端。通过刺激生产者的活力，进而提升农产品整体质量及竞争力。供给侧结构性改革聚焦的重点在于产品的结构性问题，而结构的调整必然要优化供给侧的各类资源要素，如生产主体、产品、资金、信息及制度等因素。综上分析，供给侧结构性改革下的绿色生产引导模式需要完善以下机制。

第一，农民专业合作社主导农产品的生产及销售。区别于 20 世纪 50 年代的“大集体”农业合作社，农民专业合作社是生产同类农产品的农户自愿联合起来，通过民主的方式经营管理，进而帮助农户增收的互助性经济组织。改革开放以来，家庭联产承包责任制的实施，提高了农民种粮积极性，极大解放了生产力，促进了农业的快速发展。但也要看到，长久以来形成的生产资料购买、技术服务寻求等难题也困扰着农户的生产。专业合作社的出现恰巧解决了这一问题，专业合作社有效联结了农户、分销商、物流公司等农产品供给侧成员。专业合作社的组织形式对农产品生产规模的确定、农产品销售渠道的拓展、农产品品牌的营销推广都起到了重要的作用。

农民专业合作社能够有效整合土地等生产资料，采用先进技术、引进优质品种，提高农产品的质量和市场竞争力。图 5-2 数据显示，2010 年以来，我国农民合作社数量呈现递增态势，2020 年 11 月底，农民合作社数量达到了 224.1 万家，比 2010 年增加了近 4.91 倍。专业合作社通过完善现有制度，可以做到在农产品供给侧结构性改革过程中加强绿色生产理念的贯彻，提高农产品质量安全。通过上述方式,有助于提高农民进入市场的组织化程度,转移农业劳动力,加快农用土地流转,推进农业产业化经营,通过"公司+农户"的运作方式,维护农民利益,提高农民收入。

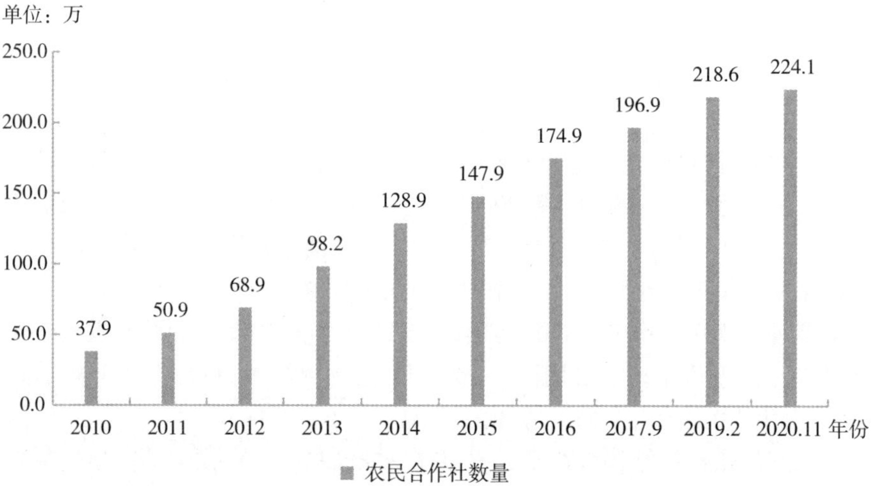

图 5-2　2010—2020 年我国农民合作社数量

资料来源:根据农业农村部网站公开数据整理。

第二,加强有机农产品的生产意识,强化绿色农产品宣传力度。农产品供给侧结构性改革的重要方向在于转变传统的农产品生产方式,不再以粗放生产为主。加大对农产品的深加工,以更加健康的生产方式打造出精品农产品。而有机农产品是未来农产品发展的方向之一,它是为了满足当前人民生活水平提高的必然需求,具有纯天然、无公害、品质高、营养价值高等优点。有机农产品的产生应该可以追溯到 20 世纪 80 年代后期的无公害食品,当时我国部分省份开始推出无公害农产品,并且随后于 2001 年在北京、上海、天津和深圳四个城市进行试点。20 世纪 90 年代初期,我国已经基本解决了农产品的供需矛盾。但是随之而来的就是农产品的农药残留问题,食物中毒事件频发,农产品走向"绿色、环保、安全"的呼声越来越高涨。因此,农业部于 1990 年发起发展"绿色农产品"行动,1992 年成立中国绿色食品发展中心,1993 年又发布了《绿色食品标志管理办法》。自此,有机、绿色农产品备受关注。

加大绿色农产品供给侧结构性改革,就是要在生产加工过程中有效减少农药、化肥、激素等化学合成物质的使用率,并且不能是转基因产品。我国农业只有降低农药、化肥的施用量,科学高效施肥,才能够减少不必要的损伤,才能够为人们提供优质、安全、健康的农产品。只有降低农药化肥施用量,才能够真正做到绿色有机。有机农产品的发展可以满足人们对高端农产品日益增长的需求,保证高端农产品供给和需求的稳定。必须注重污染物源头减量,深入开展农村垃圾分类,提高垃圾分类设施分布密度,完善分类收运处置体系,就近建设减量化、资源化、无害化污染物处置站点,就近处理各类污染物,加强新装备、新技术研发,结合地理区位、人口规模与聚集程度,因地制宜应用低成本、高效率、易推广的环卫技术,着重鼓励采用生态处理技术,推进农村生活垃圾、农业生产垃圾等回收再利用。与此同时,要加大对绿色农产品和有机农产品的宣传力度,强化有机和绿色农产品的认证标准,在广大消费者群体中扩大影响,通过拓宽宣传渠道提高认知程度。

第三,加强农业保险的宣传力度,促进农业保险行业的发展。我国农产品之所以出现只重视数量、产量,而忽视质量的思想认识,很大程度上取决于农户的收益预期。在没有其他工资性收入的前提下,农户重视农产品就是为了保证家庭生活,特别是在一些偏远山区,种植农产品、销售农产品是其收入的主要来源,他们不会在意产品的质量和安全,更多的是关注产量和效益。强化供给侧结构性改革,除了上述措施外,还要关注农户的生产生活保障问题。农业保险在保障农民收入方面起到重要作用,避免农业生产生活受到突发灾害的影响。在美国,农业保险覆盖农业生产的诸多方面,存在农作物保险、农业产量保险、农民收入保险、农产品价格保险,有效降低农民生产生活中的不确定损失。反观我国农业保险仍存在着农户参保积极性不高、保险公司实力不足和国家财政给予力度不高的现实性问题。

农业保险就是要在供给侧强化风险管控,农户通过参加农业保险之后,可以避免由于农业风险造成的资金运用的中断或停滞,避免出现中断农业生产过程、缩小农业生产规模的问题。同时,农业保险是现代农业可持续发展的关键因素,有利于完善农业农村金融体系,防范农村金融风险。与传统农业相比,现代农业对科学技术、物质装备、企业化管理、社会化服务的要求更高,资金技术投入规模大、周期长,收益不确定性和损失风险大,客观要求建立日益社会化和市场化的农业风险管理体系。充分发挥农业保险的经济补偿、资金融通和社会管理功能,将农业生产者自负的风险转变为由保险公司集中管理并分散风险,有利于增强农业抗风险能力,保护农业生产者利益和投入积极性。

第二节 基于市场细分的农产品消费引导型模式

消费引导型发展模式是一种新型的发展模式,是指消费者在农产品生产过程中起主导作用,消费者根据自己不同的需求,向生产者直接反映本身需求,生产者根据消费者需求进行差异化生产,即消费决定生产。而在传统生产引导型模式中,生产部门生产出来什么,消费者就消费什么,属于生产决定消费的经济发展模式。

一、农产品生产由生产引导型向消费引导型转变

传统农产品生产是由农户主导,农户对于生产何种农产品、种植多大规模等具有主动权,生产后便进入市场流通。这种传统的生产方式存在以下缺陷:一是农户对市场信息掌握不准确。由于大部分农民自发种植农产品,出于本身科学素质偏低缘故,不能很好把握市场需求,不能知晓市场的运行规律,只是被动接受。当市场运行良好,农户可以获取较好收益。然而,如果市场运行不良,或者中间环节出现问题,农户就会遭受到损失,而这种损失对于农户而言,往往是不可逆的。二是产品同质化严重,消费者特殊需求难以满足。农产品市场基本可以定位于完全竞争市场,市场上的商品具有同质性,基本不存在差异,而当前消费者的需求已经不再仅仅满足于初级农产品,对于差异化、深加工的农产品具有较大兴趣。传统的生产引导型方式,不具备差异化产品,难以有效满足消费者需求,同时也会在一定程度上对农户造成损失。

农产品生产的消费引导型模式改变了以往的惯例,从消费者的需求侧入手,能够更好地对接市场需求,增强针对性和精准性,能够提升农产品的价值,提高农户收入水平。当今社会,定制化、个性化服务已经成为趋势。定制化服务可以按照消费者的自身要求,生产者为其提供适合需要的同时也是消费者满意的服务。定制化服务也是一种劳动,而且是一种高水平的劳动。需要农产品生产者具有更加专业的知识,才能够打造个性化、定制化的产品,这是一种有形的生产劳动和无形的服务价值的体现。此外,定制化服务给消费者个性化的感受,如同互联网上的电子商务一样,农产品生产和流通也应该实现定制,直接对接消费者需求,实现农产品增值。

这种由生产型向消费引导型转变趋势已经在部分省市开始显现,如天

津市部分涉农地区已经开始流行起来。比如委托生产(C2B 的个性化定制模式),这种模式下消费者提出需求,种养户按照要求生产,既可以让市民吃到优质农产品,还可以打破优质农产品走向市民餐桌最后一公里的障碍。比如,天津市民想吃到不打农药的香甜葡萄,那么可以花 200 元到葡萄种植园认养葡萄树,这种方式相比较网络农产品众筹,更加方便安全。因为市民可以不定期到种养户查看,风险较小,最主要的是能够满足消费者的独特需求。这种定制模式实现了以销定产,有消费需求,然后按要求去生产,作为一种市场导向,避免了盲目生产。对生产者来说,所承担的市场风险就会小很多。

二、转变物流模式向需求链引导型发展

生产引导型模式向消费引导型发展模式转变的关键是农产品物流模式的转变,物流模式连着生产者与消费者,生产者的产品通过物流运输至消费者手中,消费者也可通过物流反映自身个性化需求。何种模式可以顺利发展,取决于地区的经济发展水平与人民生活水平的高低。当某一地区的经济发展水平低下,居民的生活水平较差,人民连基本的物质需求都无法得到满足时,人们也不会过分挑剔消费什么。这种情况下,生产者就是优势方,生产什么产品,人们就消费什么产品,对产品的细节也不会过分地关注,即生产决定消费。当前,由于我国经济发展水平仍然欠佳,物流的模式也是以生产决定消费这种形式为主。物流企业通常将产品从生产厂商运到各地的经销商处,经销商负责产品的销售,这种模式的一个缺点就是有可能造成产品的浪费,由于生产者无法精确测算各地对于产品的需求量,经销商无法完全销售掉产品。这就造成产品的生产和销售脱节。如果部分产品出现滞销,则会引起退货及生产资料的囤积,贸易商把这部分生产资料转移销售,则引起新的流通成本。所以,供应链推动型模式,容易造成生产和消费的不匹配,加剧生产资料的浪费以及增加产品流通成本。

需求链引导模式最关键的特点是根据消费者的需求来决定供应量,也就是以需定产。通过获得准确的消费者需求信息,又可以掌握生产者的产能,可以达到供需平衡,不会造成生产浪费现象的大量出现。之所以称为需求链,消费者需求是整个问题的核心,从消费者的需求想法到产品市场的实现形成紧密的闭合回路,在这个闭合回路中,消费者的行为以及对消费者的需求分析是关键要素。对于需求链引导模式的运作,可以首先通过市场的细分,借助部分产品在部分区域内的发展带动整个产业的发展。需要根据

商品的不同特点来决定如何优先发展需求链引导模式,国外的发展模式表明,通常这类商品表现以下几个特点:一是价格高的耐用品和工艺品;二是生产产品的原材料不受季节和自然环境的影响,不具有显著的周期性价格;三是不需要很长时间的生产周期。例如,美国、德国等西方发达国家出现汽车以需定产模式,汽车厂商根据消费者对汽车颜色、款式等方面的特殊需求进行个性化设计与生产。另外,可以根据不同地区的经济发展程度,逐步推广需求链引导型模式。当前,我国东部沿海地区经济发展水平较高,对于先进模式接受较快,可以逐步推行需求引导生产的需求链引导型模式。通过在个别省份和城市的试点情况,总结发展经验,避免不必要的试验风险,逐步形成适合地区发展情况的需求链引导型模式。

第三节 基于大数据与区块链的农产品生产与流通协同发展模式

一、大数据与区块链原理

(一) 大数据原理

大数据(Big Data),是指无法在一定时间范围内用常规软件工具进行捕捉、管理和处理的数据集合,需要新处理模式才能具有更强的决策力、洞察发现力和流程优化能力的海量、高增长率和多样化的信息资产。这一概念最早出现在维克托·迈尔-舍恩伯格及肯尼斯·库克耶编写的《大数据时代》一书中,随后该概念被广泛流传,并且应用于各个领域。其中,IBM公司认为大数据具有"5V"特点,即具有大量性(Volume)、高速性(Velocity)、多样性(Variety)、低价值密度性(Value)和真实性(Veracity)等特点,正是因为这些特点,使得大数据能够被各个行业、各个领域所采纳,并且应用于相关环节。

而大数据概念被广泛应用是在2012年之后,并得到了更多的认可。美国的麦肯锡公司是全球第一家应用大数据的企业,他们认为大数据在企业管理及业务职能领域占据着重要位置,并且认为大数据将成为未来全球各企业都需要关注的问题,将成为一个重要的生产因素,在企业发展过程中发挥越来越重要的作用。当今社会,信息化处于大爆炸时代,各种海量的数据充斥在社会经济的各个领域,如果对于这些海量的数据置之不理,将成为一种浪费的资源。而伴随着智能计算、云计算等先进技术的出现,人们处理数据的能力已经远远高于以前各个时期。同时,大型的运算处理设备,以及先进的运算程序也为处理大数据提供了可能,新的算法和计算工具的出现与不断完善,让大数据成为人们日常生活中最为常见的事物。可以毫不夸张并很肯定的是,大数据将成为未来一段时期内,各个国家争相竞争、不断追逐的领域,谁占据了制高点,谁对数据进行充分的挖掘与利用,谁将更好地实现跨越发展。

综合现在社会经济对于大数据应用的实际情况来看,大数据给予了人们三个具有颠覆性的转变:一是大数据处理的是全部数据,而不是以往采样的部分数据;二是大数据所探讨的是大致方向,而不会做到精确制导;三是大数据所研究的是事物之间的相关关系,而不是因果关系。通过这三个转变,我们可以很清楚地看到,大数据对于事物的研究,更加趋于人们对事物的认知。一是选择全体数据,而不是随机样本,能够通过分析大量的数据,分析内在的关联,哪怕分析某一简单现象,也需要把与之相关的所有数据加以分析,更加全面反映所研究问题。不再采取抽样或者随机样本的选择,其实是一种摆脱人为限制的依赖。二是大数据更加关注的是混杂性,而不再是研究客体的精确性,也就是说,大数据分析的是关注研究客体的大致内容,而不再一味痴迷于精确度,这也就改变了以往研究需要尽可能精确量化研究问题的困境,不再对某一问题必须做到刨根问底,只是需要掌握事物发展的大致方向,在宏观层面拥有更好的观察力,适当放松在微观层面的精确性。三是大数据更加关注的是研究客体之间的相关关系,而不再是必然存在的因果关系。之所以放弃寻找事物之间的因果关系,是因为现在的研究可能不再需要分析某件事情发生的原因,而是时刻在提醒大家某件事情或许正在发生,从而更容易把握事物发展趋势,增强对未来事情的判断能力。

我国也是较早关注大数据发展和应用的国家之一。从目前发展阶段来看,我国大数据产业正处于快速推进期。早在2015年9月,国务院印发《促进大数据发展行动纲要》的通知,提出大力支持大数据产业发展,并于2016年将大数据提升到国家战略。但由于计算机水平和互联网技术的先天落后,我国与美国相比仍然存在着一定的差距。这主要是因为美国在全球信息技术产业中居于领头羊位置,无论是在硬件制造,还是在软件开发环节,美国都拥有着其他国家无法比拟的实力。其实早在大数据产业产生之前,美国就已经产生了许多大型信息技术企业,这些企业为后期大数据产业的发展奠定了坚实基础。另外,我国公共数据的开放仍处于起步阶段,大型互联网平台数据垄断情况较为突出,数据源相对受到局限,一定程度上制约了大数据的发展。

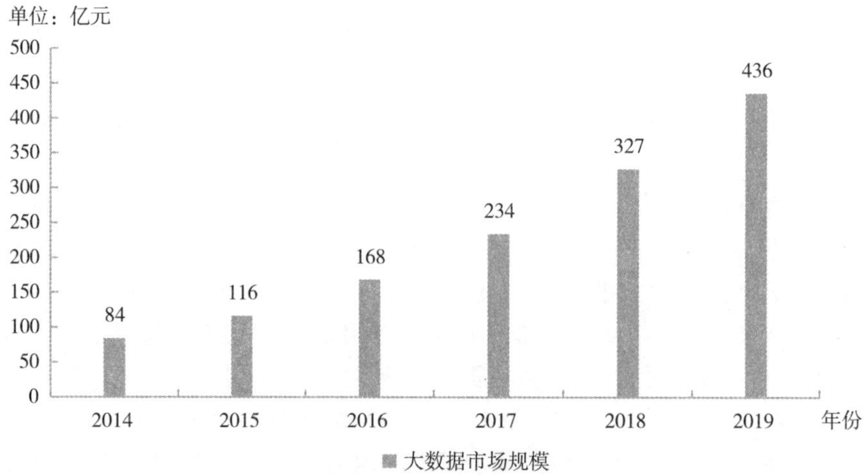

图 5-3 2014—2019 年我国大数据市场规模

资料来源：艾媒数据中心。

从图 5-3 具体数据来看，艾媒数据中心数据显示 2019 年我国大数据产业规模已经达到了 436 亿元，较 2018 年增长 33.3%，是 2014 年（84 亿元）的 5 倍。我国大数据产业发展初具规模，已经形成了由大数据企业（海量数据、拓尔思、九次方等）、传统 IT 厂商（浪潮、曙光、华为、联想、用友等）、互联网企业（阿里、腾讯、百度等）共同组成的市场结构。但从发展的质量看，各环节发展水平不均衡，大数据产业链高端环节发展不足，前端环节数据采集和预处理，后端环节数据挖掘分析和可视化，及大数据整体解决方案等产品和服务较为匮乏。

（二）区块链原理

区块链技术被认为是继蒸汽机、电力、互联网之后一项具有颠覆性意义的核心技术。区块链概念源自比特币，在形成比特币的过程中通过采用随机散列（哈算法）的方式连接各个区块，后区块包含前区块的哈希值，前后区块相继连接，以此记录在一定时间内所有区块间全部交流的信息，此过程即形成了区块链，信息传递过程如图 5-4 所示。区块链是一种按时间顺序组合分散数据块的链式数据结构，以密码学算法为基础保证价值的安全转移和数据不可篡改、不可伪造，属于多节点去中心化的点对点分布式账本技术，其数据公开透明，从技术上解决依赖信任的中心化模型带来的安全问题。区块链的本质是一种互联网共享数据库，利用块链式数据结构来验证与存储数据、利用分布式节点公式算法来生成和更新数据、利用密码学的方式保证数据传输和访问的安全、利用由自动化脚本代码组成的智能合约来编程和操作数据，是一种全新的分布式架构与计算机范式，它代表了实现分散式无信任系统的一种新的创新技术方法。

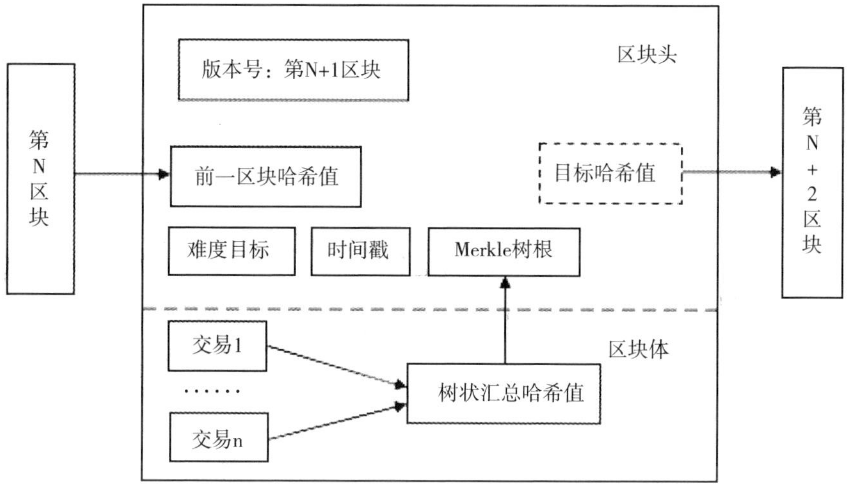

图 5-4　区块链信息传递

区块链能够从技术上解决依赖信任的中心化模型带来的安全问题，因此它可以成为提升供应链治理效果的重要基石。一般来说，区块链技术具有以下五个基本特征：去中心化；开放性；自治性；信息不可篡改性；匿名性。

区块链作为数据结构一个有序的块列表，每个块包含前一个块的哈希值，相邻块之间按时间先后关系进行连接，区块链的基本单位是区块，每个区块包括区块头和区块体两部分，并会在区块中标明当前版本号来指明当前网络中的交易验证规则（区块结构如图 5-5 所示）。其中，区块头包括三组区块元数据，用于相邻块之间连接的前序块的散列值作为第一组元数据；包含难度目标、时间戳和 Nonce 值等与共识过程息息相关的信息作为第二组元数据；称为 Merkle 树根的哈希值作为第三组元数据，Merkle 树根由新区块中包含的所有交易经过哈希算法迭代产生。区块体中包含的是自上一区块以来所有提交至区块链节点并经过合法验证的交易。区块链技术作为一个新兴信息技术，还处于飞速发展阶段，目前区块链核心技术主要包括分布式账本技术、非对称信息加密、智能合约三个方面。

一是分布式账本技术。分布式账本技术是指将交易信息打包经区块链各节点成员共识确认后，存储在链上并向全网广播的数据库技术。这种记账方式让区块链的每个节点处均拥有一份完整的数据记录，每一条数据都存储在所有节点的服务器中，共同维护，不存在特定的管理员或者中心化的管理系统，单个节点不能篡改链上的数据。

二是非对称信息加密。区块链中的非对称信息加密技术需要公开密钥（简称“公钥”，Public Key）和私有密钥（简称“私钥”，Private Key）的同时作用，此项技术可以让信息有选择性地公开或向特定的主体开放。在交易过程中公钥和私钥成对出现，且独一无二。公钥相当于账户地址，主要负责加密交易过程信息，而私钥则是密码，只有拥有私钥的节点才能查看相应的信息。

三是智能合约。智能合约（Smart Contract）是一种计算机协议，希望通过信息化的方式来传播、验证或执行交易合同，也是区块链核心技术中比较受欢迎、应用也比较广泛的技术之一。智能合约通过透明化的脚本代码让合约处于各方监督之下，让交易过程在没有第三方参与的情况下实现可信交易，恶意节点无法干预、操纵、反悔和篡改，保证了数据和程序运行结果的可信度。具体而言，与业务规则的数字合同（以数字形式定义的承诺）类似，提前设定好规则和触发程序，使合约在双方交易期间自动执行。

就技术环境而言，区块链技术属于前沿技术，各国均处于发展初期，而中国在区块链技术应用方面具有诸多优势。中国区块链技术专利数量处于领先水平，据零壹智库统计数据显示，在 2020 年区块链专利排行榜 TOP100 中，中国有 52 家公司入榜，其中阿里巴巴、腾讯和平安集团 3 家公司稳居前 3 位。

表 5-4　2019 年度全球区块链企业专利量排名前十位统计

企业名称	2019 年专利数量（件）
阿里巴巴	2100
腾讯	1374
平安集团	747
IBM	690
nChain	677
微众银行	410
Mastercard	357
沃尔玛 Walmart	355

续表

企业名称	2019 年专利数量(件)
复杂美	347
瑞策科技	325

资料来源:零壹智库。

二、农业领域大数据分析与区块链技术应用

(一) 农业领域大数据分析应用

党的十九大报告提出,要深化供给侧结构性改革,加快建设制造强国,推动互联网、大数据、人工智能和实体经济深度融合,推动新型工业化、信息化、城镇化、农业现代化同步发展。这是新时期提出的“四化同步”,而农业现代化是“四化”中的短板,也是发展的制约因素,没有农业的现代化,其他“三化”发展将很难协调。而农业现代化除了要利用现代科学技术、现代经济管理方法、现代化发展理念武装农业发展之外,还应该高效利用大数据技术,将大数据应用于农业生产。这是农业现代化的必然要求,更是加强农业监管的现实需求。随着现代科学技术的发展,信息化对现代经济社会生活产生了深远影响,关于大数据的应用,其在上至政府管理下到企业生产经营管理中发挥着越来越大的作用。大数据不仅意味着大量的数据支持,更体现在对海量数据进行处理及专业分析之后,可以为政府或企业的管理及生产活动提供客观依据。作为一种重要的生产要素,大数据在经济生活中发挥着重要作用,影响着国民经济及企业经营的方方面面。2014 年随着我国农产品大数据联盟的成立,大数据也正式应用于农产品生产管理中。

农业大数据是大数据技术应用在农业领域的具体体现,是农业地域性、季节性等自然特征在被赋予了大数据内涵后所体现出来的,在对农业数据进行处理和分析后,所形成的数据集合。当前我国农业发展已经融入社会经济的各个领域,农业转型升级已经迫在眉睫,如何提升我国农业现有发展水平,就需要融入更多的科学技术,提高农业科技含量。习近平总书记在党的十九大报告中对“三农”工作提出了很多新理念、新要求,特别是提出要实施乡村振兴战略。为此,农业部于 2018 年 2 月发布《关于大力实施乡村振兴战略加快推进农业转型升级的意见》,又进一步为未来农业发展指明了路径。大数据应用到农业领域是未来农业发展的需要,也是不断提升农业发展水平、提高农民收入的重要手段。我国第一个农业大数据的研究和

应用推广机构是成立于 2013 年 6 月的“农业大数据产业技术创新战略联盟”，该联盟由山东农业大学发起成立，标志着我国大数据技术在农业领域的应用取得了实质性突破。

目前，大数据在农业中的应用主要有四个方面：一是辅助作物育种。传统育种往往成本高、时间长。通过大数据分析可促使基因组织学研究取得突破性进展，高效确定品种的适宜区域和抗性表现。二是指导农业精准操作。通过综合分析作物、气候、土壤、病虫害等各类数据，监控农田环境，引导操作各类设备，精细化管理资源投入，可大大提高生产能力和营利能力。三是实现农产品溯源。通过二维码、区块链等技术，可实现农产品从田间到消费者的全过程可追溯。四是优化农业供应链。通过对农产品流通、消费等环节的大数据分析，可精准掌握流通市场和消费需求变化，优化整合供应链，进而反向指导农业生产和流通。此外，共享经济、定制化生产等其他基于大数据技术的农业生产流通业态也在蓬勃兴起。

农业大数据在农产品生产和流通环节的应用最为广泛，有利于实现农产品可追溯、实现重组供应链。其中，“实现农产品可追溯”是保证粮食安全的最重要手段，也是最科学的方式，农产品可追溯能够将农产品的基本信息，如产地、品种、重量等信息加以追溯，保证农产品的信息可查。跟踪农产品从农田到顾客的全过程有利于防止疾病、减少污染和增加收益。在当前社会，对于食品可追溯是每一个消费者亟须得到的市场信息，他们能够从信息可追溯体系，得知农产品的来源和质量，能够使得他们放心食用。对于市场主体而言，从把握供应链的需求角度考虑，跟踪农产品流向的重要性也就越来越强烈。大数据可以为农产品提供可追溯的可能，能够帮助生产者提高对外的市场竞争力，更能够让消费者吃得放心。大数据对农产品的可追溯体系主要体现在仓储和零售两大环节上。在仓储运输环节，通过带有定位功能的传感器实时监控农产品的温度和湿度，超出规定范围或不符合要求时，就会发出警报。在零售环节，通过信息可追溯，可以让消费者更明白消费内容，并且也有利于销售方将过期或者出现问题的商品召回，甚至对于一些已经出售的农产品，采取及时高效的应对措施。

“大数据重组供应链”主要体现在，目前的供应链大都灵活性不强，通常只是基于平均值和简单的“If-then-else”逻辑来作出响应。大数据的兴起，使供应链管理开始转向文本挖掘和基于准则的本体（Ontology）等新型预测性分析方法，通过学习系统来表示“多 if 到多 then”。新型模式识别、优化与学习系统的结合，可以预知供应链运作状态，增强供应链灵活性。由于受到公司发展历程以及科研经费限制，部分公司不能够及时转变发展思路，不能够紧紧跟随时代发展需求，使得其应对市场变化的能力减弱，不能够对市场作出清晰判断，也就极有可能失去很多市场机会。因此，对于一些大型公司而言，他们能够给予新技术研发投入，能够瞬间捕捉市场信息，通过数据分析与处理，对市场做出及时判断，也在定价权等问题上先发制人。这样，他们就可以在市场中占据主动，抢占商机，抢占了市场的主动权。

（二）农业领域区块链技术应用

区块链技术是引领经济社会发展的前沿技术。自 2016 年工业和信息化部发布《中国区块链技术和应用发展白皮书（2016）》及国务院发布《国务院关于印发“十三五”国家信息化规划的通知》以来，区块链首次被作为战略性前沿技术、颠覆性技术提出，区块链技术日益受到政府及各界人士的重视和关注。2019 年中央政治局第十八次集体学习时，习近平总书记强调要把区块链作为核心技术自主创新重要突破口，要加快推动区块链技术和产业创新发展。2020 年中央“一号文件”提出，加快区块链等现代信息技术在农业领域的应用。2021 年中央“一号文件”则进一步指出，发展智慧农业，建立农业农村大数据体系，推动新一代信息技术与农业生产经营深度融合。

现阶段，区块链技术在我国农业领域应用处于初始阶段，主要在农业金融、农业生产信息溯源、农场建设等方面进行了尝试。

涉农银行应用区块链技术发展普惠金融。农业发展诸多环节需要金融支持，但是传统农业金融开展成本高且流程复杂，不仅仅影响到银行等金融机构的利益，更是制约了农产品供应链的发展。比如，依托供应链上下游的经营、交易和财务等数据，中国农业银行通过积极推动传统信贷产品的线上化改造，基于区块链、大数据技术开发新型网络融资产品创新。“农银 e 管家”电商金融服务平台，通过应用区块链技术，将历史交易数据映射到区块链平台中，同时每天产生的数据也入链登记，不断积累以逐步形成企业和农户可信的、不可篡改的交易记录，探索建立多维度信用评价模型开展纯信用的网络融资业务，以此来解决农业企业和农户贷款难的问题。

众安科技推出区块链“步步鸡”实现农产品信息溯源。2016 年 11 月成立的众安科技，是众安保险旗下的全资子公司，主要从事物联网、大数据、区块链、人工智能、云计算等技术的行业应用研发。步步鸡项目是众安科技在农业领域应用区块链技术的重要实践，在该项目中，其将物联网技术与区块链技术结合，在每一只产品鸡上安装“鸡牌”这一设备，并依靠这一设备实现“步步鸡”从饲养到最终消费全供应链过程的信息记录，并将这些信息上传至应用区块链技术所打造的联盟链中依靠分布式技术进行储存，保障了信息的安全性和真实性。消费者在购买时可以通过手机 App 进行溯源防伪信息查询，了解其所购买的产品在供应链过程中的各种数据，包括产品的品种、养殖过程、运输过程等诸多信息，从而提升消费者对农产品质量的信心。

北大荒发展“区块链大农场”。由江苏中南建设集团股份有限公司联合黑龙江北大荒农业股份有限公司合资成立的“善粮味道”平台，推出了全球首个“区块链大农场”。双方基于农业物联网、农业大数据及区块链技术，依托北大荒大规模集约化土地资源及高度的组织化管理模式，创新性地提出“平台+基地+农户”的标准化管理模式。在这一项目中，其以区块链技术为核心，将土地承包、农作物播种、加工等全过程进行认证，实现线上线下相结合。通过互联网及互联网身份标识技术，将农产品生产所提供的农产品相关信息数据化，并全部记录到区块链中，形成每一件农产品的真实生命轨迹。依托区块链技术发展农场经营，能够通过时间戳、分布式储存等区块链技术提升农产品供应链信息透明度进而提高消费者信心。

三、农产品生产与流通的协同发展模式

大数据技术和区块链技术可以应用到农产品的全产业链，覆盖农产品的生产、加工、运输、仓储、消费等各个环节，在保障各环节信息数据真实性和安全性的基础上为决策者提供全产业链农产品信息，对于农产品定产、定价等都起到重要作用，同时还可以通过发挥智能合约作用以提升产业链内部交易效率，通过信息共享以促进主体协作，从而实现农产品从生产到流通的协调。

第一，构建农产品大数据平台。该平台要全力依靠“互联网+大数据”模式，通过云计算和云处理，对平台内的农产品加以分类和处置。平台应包含农户、企业及消费者三个主体的数据，贯穿于农产品从生产到消费的每一个环节，做到各个环节有保障，通过大数据处理来保证农产品的食用安全、放心。2016 年 10 月，农业部印发《农业农村大数据试点方案》提出，要用三年时间，在试点省区开展农业农村大数据试点，结合优势特色产业，建成若干单品种全产业链的大数据，在引导市场预期和指导农业生产中充分发挥作用。一是在农户环节上，应将农产品的种类、生产状况、加工过程、农药情况、土壤质量、农户个人信息等录入平台，在对农产品的初始数据进行收集、分析的基础上为供应链后续环节提供数据支撑。大数据应用在农户环节，是为了保证农产品可追溯，进而确保农产品食用安全。同时，借鉴城市管理的网格化模式，将农产品进行网格化管理，网格化管理的优势在于可以将所生产的农产品划分为一个个的“网格”，便于统一管理，且相似农产品聚类

在一起,可以提高生产效率。二是建立与企业的接口。这些企业包括农产品加工企业、批发商、物流企业、超市等,将各类企业产生的加工数据信息、物流信息、需求信息等输入平台。通过对接企业,可以做好连接生产者和消费者的桥梁,加快农产品流通环节的进度和效率。目前,由于消费者和生产者之间的信息存在不对称,造成了部分产品难以满足市场需求,或者出现农产品过剩等现象。大数据技术的应用,使企业在处理数据时,更加具有针对性,能够将农产品的生产信息及时对接消费市场,也能够将消费需求直接反映到生产环节。既减少了交易成本,又提高了工作效率。三是建立消费者监测端口。消费者对农产品相关数据具有知情权,消费者从平台内可以获得产品生产、加工及销售等所有相关信息,也就是说,对农产品要可追溯。农产品质量安全可追溯体系是利用二维码、云计算等技术手段,实现农产品从生产、加工、包装、流通、消费的全流程信息追踪,在消费终端通过扫描二维码或条形码,就可以得知该种农产品的来龙去脉,追根溯源,切实保障消费者对农产品种植、加工运输等过程的信息知情权,提升农产品物流系统的监管和农产品品牌建设。

第二,推进区块链技术逐步应用,以保障农产品大数据平台信息质量。在应用物联网技术获取信息和使用大数据技术进行数据分析的过程中,应用区块链以提升信息真实性以及保障信息安全性是实现农产品生产与流通协调的重要保障。在农产品生产与流通过程中,由于信息不对称,使得各主体间交流与沟通存在诸多障碍,各主体出于自身私利,易发生篡改数据行为,严重影响农产品大数据平台作用的发挥。区块链利用块链式数据结构和时间戳来验证时序性并存储数据;利用非对称加密方法来保证数据传输的真实和安全;利用分布式账本生成共识化数据,确保全网验证交易的唯一性;利用智能合约来实现数据操纵的自动化。在保障信息真实性和安全性的基础上,区块链技术促进农产品生产与流通主体信息共享,打破主体组织边界以实现全产业链的跨界融合和主体协调。为了更好地应用区块链技术助力农产品生产与流通协调,需要加强农业领域区块链应用基础建设、加快完善区块链涉农应用法律体系、加大农业领域区块链技术开发应用资金投入、加强对农业经营主体区块链技术宣传力度。

第三,选择合适的商业模式。根据大数据平台主导者的不同可以分为三种不同的商业模式。主要为网络运营商主导模式、政府主导的公共事业应用型模式、市场本身主导的云聚合三种模式。鉴于农产品属于民生产品,在建设初期可以选择政府主导型模式,由政府出资成立大数据平台,企业客户可以通过购买平台相关数据来获取农产品生产、加工、物流、消费者偏好及能力等信息。消费者可免费获取农产品生产、质量等基本信息。随着平台发展的逐渐成熟,市场应发挥越来越大的作用,市场主导型的模式当处于主导位置。

第四,注重利益分配的合理性。供应链是涉及诸多企业的联盟,利益分配不均情况下很难保证系统的稳定性。总而言之,在利益分配上坚持公平公正的原则,收益应该与投入成正比。此处的投入不仅包括物质资料的投入如土地、设备等,还应包含经验、关系等组织资源。其中,应该注重发挥核心企业作用,核心企业应当积极协调供应链上信息交流,从而降低农产品在流通环节的成本。

第四节 我国农产品生产与流通的协调模式创新成果推广

前文就农产品生产与流通协调模式进行了分析,下面进一步就模式创新成果的推广问题进行探讨。

一、模式创新成果典型示范区选取

基于供给侧结构性改革的农产品绿色生产引导型模式、基于市场细分的农产品消费诱导型模式、基于大数据与区块链的农产品生产与流通协同发展模式三种模式能够有效促进农产品生产与流通协调,提升农产品生产与流通效率,保障农产品稳定供应。为了更好推进农产品生产与流通协调模式创新成果应用,应当选取典型地区进行先行试验,而后进一步进行推广。

农产品生产与流通协调模式示范区的选取,重点需要考虑三个因素:一是需要考虑地区典型性。即选择的地区是农产品主产区,其农业发展具有典型性,农产品生产与流通模式在典型地区推广能够扩大示范效应。如山东寿光是我国著名的蔬菜基地,黑龙江五常是我国著名的优质大米产区。在这些本就具有一定知名度的地区建立示范区有助于扩大成果示范效应。二是要考虑模式推广中的投入。要综合考虑地区农产品生产与流通实际情况,选择地区农产品生产与流通具有较好基础的地区,减少农产品生产与流通协调模式示范区建设过程投入。比如,北京京郊农业发展区域,这一地区农产品生产与流通从业人员素质相对较高,基础设施较为完善,且市场需求较为旺盛。三是选取过程要考虑不同农产品生产与流通模式特点,推进选取地区农业发展实际与模式应用相匹配。比如,基于大数据与区块链的农产品生产流通协同发展模式要求示范地区农业信息化程度较高。东北北大荒集团等企业正在推进区块链技术在农业领域的应用,通过构建示范区既能够有效节省成本,同时更好地显示成果作用。

二、模式创新成果推广途径

在构建示范区基础上,需要对示范区经验进行总结归纳,并进一步通过多途径就农产品生产与流通协调模式创新成果进行推广。一是构建网络展示平台。要充分利用农业物联网、互联网技术,推动成果示范区经验推广。利用农业物联网技术采集示范区成果数据,并利用互联网技术推动相关视频、音频、经验报告等进行传播,扩大成果影响力。二是召开线下成果展览会。示范区应当通过承办农展会、农产品推介会等活动进行成果推荐,积极推进线下成果展览会召开,邀请专家学者、政府人员、企业管理者、消费者进入示范区进行实际体验。三是积极参与国内外农业会议。通过参与国内外农业相关会议,根据成果应用情况及相关经验进行展览及介绍,并通过会议汇集各方经验,进一步对成果进行优化。

第六章　我国农产品生产与流通协调的对策分析及保障体系

农产品生产与流通协调是涉及多方面、多主体的复杂问题，鉴于我国农产品生产与流通现状，结合农产品发展现实及农产品生产与流通协调地区经验，本章就农产品生产与流通协调对策进行分析，并对其保障体系进行深入探讨。

第一节　推动农产品定制化生产

农产品定制化生产是针对现阶段市场多样化、高品质消费需求不断增加的现实，加快对基本口粮以外的经济作物生产模式进行调整，促进农产品供给与市场需求紧密对接的新型农产品生产模式。农产品定制化生产不同于长期以来传统农产品生产，其主要是根据客户需求进行“量身定制”的农业经济发展模式。就农产品定制化模式来看主要包括互联网定制模式、共享经济定制模式、休闲经济定制模式等多种模式。

相对传统农产品销售而言，农产品定制化生产具有以下优势：一是市场稳定，避免产品积压。农产品定制化生产是根据客户要求进行农产品的种植、加工。由于在生产前便签订了交易合约，农业生产主体在进行农产品定制化生产之后有着稳定的销售渠道，这样便避免了农产品积压，降低了农产品生产风险。二是产品价格高，有利于提升农产品生产主体收入。相对于一般农产品生产而言，农产品定制化生产多为满足较高品质的消费需求，定制化农产品市场价格要高于一般农产品，由于产品具有独特性且竞争较小，有利于提升农户等农产品生产主体收入。三是中间环节少，有利于降低农产品流通成本。农产品定制化生产是订单式农业，是消费者或企业直接与农产品生产主体进行交易，产品流通无须经过批发市场、零售商等多种环节，有利于降低农产品流通成本，提升农产品流通效率。农产品定制化生产具有多种优势，能够推动农产品生产与市场需求有效衔接，并降低农产品流通成本，对于农产品生产与流通协调有着积极作用，但其发展仍处于初期阶段，需要通过多种策略推动其进一步发展。

一、提高农民素养，培育定制化农业合格参与者

农产品生产的主体是农民，农产品定制化生产的发展离不开农民的参与。培育具有较高科学文化素养的现代化农民，是实现农产品定制化生产的重要基础。农产品定制化生产所涉及的农产品相对于一般农产品而言其要求更高，部分农产品生产、加工程序复杂，且在交易过程中涉及互联网信息交流，此外部分农产品进行定制化生产过程中农户需要对客户进行实时反馈。这就需要从事农产品定制化生产的劳动者具有一定的科技文化素养，能够较好地使用现代信息工具。然而，长久以来传统农业低下的劳动生产力水平和发展粗放分散经营的生产方式，使得我国农民的科学文化素质并不高。农业农村部调查数据显示，我国农民平均受教育年限为7—8年，其中文盲和半文盲占7%、小学文化程度占25.8%、初中文化程度占49.4%、大专以上文化程度仅占1.1%。大多数农民没有一技之长，农民教育和培训是整个国民教育体系中最薄弱的环节。农民科学文化素养的不足将影响到定制农产品的模式发展。为了更好地满足市场多样化的消费需求，国家应多途径提升农户能力，使农户能够进行农产品定制化生产。

国家可以通过举办农户能力培训课堂以提升农户能力。政府可以发挥自身协调作用，汇集地方高等院校、科研机构、农技推广机构、涉农企业、农业领域先进工作者和专家等多方面力量，积极筹办农户能力培训课堂，为农户提供现代农业生产技术、现代农业经营知识等发展所需知识，支持农户参与到现代定制农业之中。此外，国家还可以通过加强网络学习平台建设以方便农户学习。农户培训虽然能够提升农户能力，但是仍然受到时间和空间影响，为此，在举办农户培训课堂的同时，还应当构建农户学习网络平台，将各种农户可能需要的知识制作成网课以便利农户随时随地进行查阅学习。

二、加强规范运作，保障定制化农产品质量

现阶段而言，我国农产品定制化生产仍处于自发发展阶段，相关法律制度及行业协定都存在空白，整体规范性较低。在市场经济条件下，要实现农产品定制化生产的稳步推进，需要配套规章制度予以指导，以实现对农产品定制化生产过程的制约及经营过程的规范，从而有效防范市场交易风险，保障消费者和生产者利益。为此，政府需要根据农产品定制化生产迅速发展这一现实，加快推动三个方面工作：一是推进相关制度标准建设，例如农产

品生产基本条件、产品品质审核标准等;二是政府应当对从事农产品定制化生产的企业或者农户进行严格审查,实施登记注册制度,只有符合相关标准的企业或者农户才能从事农产品定制化生产;三是积极推动定制农业交易规则制定,以法律法规形式严格规范定制农业交易过程。农产品定制化生产具有积极意义,然而在缺乏强有力的制度约束之下,现阶段定制农产品生产者生产水平不一,定制农产品生产过程不够规范,交易过程也存在诸多问题。为此,需要政府积极推进地区定制农业发展规划及产品认证标准,不断提升运作过程规范性。

三、实施品牌战略,提升定制化农产品吸引力

伴随消费需求升级和消费个性化多元化发展潮流,按照消费者的要求进行全程农产品定制化生产也已经成为趋势。农产品个性化定制,不仅可以更好满足消费者消费体验,还可以有效减少农户盲目生产的现象。

为促进农产品定制化生产稳定发展,应当积极培育定制农业品牌,实施品牌战略,并不断提升农产品定制化生产水平,推进农产品定制化生产高质量发展。实现定制化生产,首先要精准掌握客户需求,加强品牌规划和策划能力建设,根据不同区域、不同消费能力、不同文化习惯等群体需求进行规划并开展针对性精准化生产。实施农产品定制化生产品牌战略,要严格规范品牌标识获取程序,加强品牌获取过程相关信息的审核和查验,确保品牌企业质量。对于形成品牌效应的农产品定制化生产点,要给予资金、技术、政策支持以提高其生产水平,提升其生产质量。积极推动地方政府结合地区实际开展形式多样的定制农产品品牌推介会,形成具有地区特色的定制农业品牌,推动定制农业发展。同时,还要利用大数据平台建立互信机制,加快集聚各类农产品品牌,让生产者和消费者之间信息更加透明,才能有利于定制化生产大规模推广。

第二节　推进农产品在地化加工

在地化是相对于全球化而来的另一种趋势和潮流,是指一个地区或国家,任何一种经济或商品流动,必须适应地方需求,才有可能加速发展。农产品在地化加工是指在农产品生产地就近引入精深加工等更多高附加值环节,以推动农产品在生产地实现增值,从而提升产业收益,并引导生产结构、流通结构的调整。农产品在地化加工的最终目的是实现农业产业链的垂直整合,缩短农产品的生产流通周期,让农业生产利润从流通环节向生产环节

倾斜，从而激发农业生产者的积极性。曾衍德指出，精深加工能够延长产业链条，最大限度提升农产品附加值。根据测算，通过精深加工可以使粮油等主粮增值2倍到4倍，畜牧水产品增值3倍到4倍，果蔬增值5倍到10倍。目前，我国农业产值与加工值的比例是1∶2.3，与发达国家1∶3.4的比例差距较大，农产品精深加工还有很大空间。

农产品在地化加工使得农产品加工增值环节与农产品生产环节紧密衔接，既有利于保障农产品加工增值环节的原材料供应，同时又由于加工环节与生产环节所处地区相近，使得农产品生产环节过程在一定程度上受到加工增值环节参与者的监督，有利于保障农产品生产质量。此外，农产品在地化加工，有利于提升农产品生产者对产业下游相关信息了解，有利于保障农产品生产者利益。由于生产环节与加工环节空间距离缩短，节省了运输过程损耗，有助于节约农产品流通成本。同时，农产品在地化加工后，可进一步推进加工后农产品在地化销售，由于农产品生产及加工本土化，更容易获取市场需求，使得产品对市场的适应性大大增强，从而提升产业链收益。推进农产品在地化加工，既需要地区有着良好的农产品生产基础，也离不开地方政府提供政策支持，同时紧密的产业间合作也是在地化加工必不可少的条件。

一、培育优质产区，提供优质农产品

农产品在地化加工的前提是地区农业生产具有优势，其农产品品质优良，具有一定的市场需求。由于企业是以利益为导向的，当农产品本身就具有市场潜力时，其加工后的农产品才能实现更大的市场价值，才能更好吸引加工企业入驻以进行在地化加工。培育优质农产品产区，为在地化加工提供优质农产品需要多方面的努力。一是地区政府应当结合当地自然条件、长期农业生产实践经验等确定地区农业发展的优势产品，支持因地制宜的项目开发，开发富有区域特色的优质农产品。注重地区差异化，避免地区内部间竞争，在此基础上可以通过与农业科研院校或涉农企业合作进一步对确定的优势农产品进行改良和优化。二是在确定优势农产品基础上，地区要通过政策引导、资金扶持以鼓励地区农业生产主体进行优势农产品生产，以保障优势农产品劳动力投入。三是加大政府对区域重划与农田整理力度，保证优势农产品生产过程水利、灌溉设施齐备，推进农业机械使用，为优势农产品生产创造良好环境。此外，地区应当通过积极申报名特优农产品等相关名誉以提升地区优势农产品影响，并通过参与农业展览会等方式积极推介地区优势农产品，塑造地区品牌。

二、加强政策扶持，营造良好环境

农产品在地化加工，需要增强各地区对农产品加工企业的吸引力，这需要政府加强政策扶持，营造良好经营环境。良好的经营环境，既有利于吸引外界加工企业，同时也有助于本土加工企业的培育。地区应当为农产品加工企业申办、更换、完善生产许可证提供便利渠道，并就相关过程提供免费咨询服务，以方便农产品加工企业进行生产运营。此外，对农产品加工企业用地进行优先批复，保障农产品加工企业用地供给。地区金融机构应当把支持农产品加工企业发展作为信贷支农的重点，对农产品加工企业发展过程所涉及的贷款、申报、调查、审批等程序进行简化，为农产品加工企业发展提供金融支持。政府还可以就地区农产品在地化加工给予政策扶持，包括享受有关农业低息优惠信贷和税收减免等政策。同时，通过以奖代补、先建后补等方式，积极推动地区农产品加工企业完善相关基础设施。政府应当发挥协调作用，为地区加工农产品销售提供渠道支持，积极推动地区农产品加工企业与产业链下游销售企业对接，提升地区农产品加工企业销售收入。

三、构建协作平台，推动生产加工协调

农产品在地化加工的发展，离不开农产品生产环节和农产品加工环节各主体间协作。通过协作，可以让在地化加工更加有效地面向供给和需求两端。

协作的一个关键在于完善利益联结机制。为此需要构建农产品生产加工协作平台以协调利益分配为核心的各种合作问题，推动农产品生产加工协调发展。一方面，鼓励农户实施组织化经营，推进家庭农场、农业合作社等新型农业经营主体形成，提升农业生产主体综合能力，并构建由新型农业经营主体、加工企业、政府三方协同的协作平台，推进信息沟通和交易协调，以保障农产品生产加工环节协调运作。另一方面，对于部分未能实现组织化经营的小农户，则推进“小农户+企业”合作模式，推动加工企业与农户形成订单式合作，保障农户销路及企业农产品供应。由于小农户存在信息、资金、知识等诸多不足问题，为了避免产业合作过程中企业对小农户利益的侵占，小农户可以以村委会或者乡镇政府为中心进行链接，而后与企业共同构建协作平台，以对农产品生产加工协作中各种问题进行处置协商。

协作的另一个关键在于抓好合作载体建设。要大力推进农产品加工园区建设，引导龙头企业、合作社等经营主体在粮食主产区和特色优势区域建立精深加工基地，打造一批农产品加工强县、强镇，尽快改变当前“农产品

进城、工业品下乡”的单一格局。

第三节　促进农产品网络化流通

农产品流通是打通农产品生产与市场的桥梁。通过引入新型电子商务模式，促进线上线下融合，加快推动流通环节变革，实现农产品网络化流通，能够极大提升农产品流通效率，保障农产品稳定供应，实现农产品生产与流通协调。

在农产品流通实践中，仅仅依靠线下渠道或者线上平台都难以有效满足消费者的消费需求。一方面，仅仅依靠线下渠道进行农产品流通会造成信息沟通不畅等问题，且线下渠道中间环节众多，影响了农产品流通速度；另一方面，对于部分消费者而言并不符合消费习惯，尤其是对于生鲜农产品，相当一部分消费者在购物时希望进行实际的考察，以保障产品质量。融合线上渠道和线下渠道的O2O(Online to Offline)模式，既可以通过网络与消费者进行沟通协调，并对农产品流通过程进行管理运营，有效提升工作效率，也可以依靠线下社区商店锁定目标客户群体，解决“最后一公里”的仓储配送问题，并满足消费者实际考察需求，保障消费者的消费信心。为了促进农产品网络化流通，助力农产品O2O模式发展，需要从农产品流通主体、信息化建设、冷链物流体系等方面进行改进。

一、优化农产品流通主体，促进主体能力提升

农产品线上线下渠道融合对于农产品流通主体提出了更多的要求。一方面，农产品流通主体需要与上游环节结成紧密联系，以保障农产品生产环节质量。要积极推进农产品生产环节生产技术提升与作物良种培育，促进农产品生产规模化、标准化。另一方面，推动农产品加工流通流程规范化，建立农产品加工统一标准，推进农产品加工流通企业通过一体化战略以实现流通过程的闭环管理。此外，要加强农产品交易平台建设，推进农产品批发市场信息化、现代化改造，不断提高农产品批发市场服务能力和运作水平。对于农产品零售终端而言，要推进农产品零售终端整合，促进各社区农产品零售终端合作以结成统一体，形成规模效应。

二、应用先进信息技术，加强流通信息化建设

农产品线上线下融合的关键在于实现信息共享，促进农产品流通各主体间信息交流，不断降低沟通成本，以提升农产品流通效率。在新一代信息

技术应用方面,可以通过应用光纤、5G等搭建基础信息网络,应用物联网技术以实现农产品流通过程各环节信息无接触性采集,应用区块链技术保障农产品流通信息真实性与安全性,利用大数据分析技术促进农产品流通信息处理分析以为企业决策提供精确信息支撑。通过应用这些先进信息技术,可以有效提高农产品流通信息化的管理能力,实现农产品流通信息及时、快速、高效的共享与交换,形成推进农产品流通线上线下融合的重要保障。此外,应当积极推动农产品交易平台建设,推进农产品网络交易体系形成,以便利各主体网络化交流。

三、加强基础设施建设,完善冷链物流体系

农产品流通线上渠道与线下渠道有效融合依赖于完善的冷链物流设施。信息技术应用为农产品流通各主体间交流提供了有效支持,降低了流通损失,但是农产品实际流通过程各环节的衔接仍依赖于完善的冷链物流体系。构建农产品冷链物流体系,重点要解决三个方面问题:一是要解决冷链物流体系发展的资金问题,要成立专项资金以建设冷链物流体系,并采取财税手段鼓励各主体相关冷链物流设备及应用先进仓储技术;二是要推进农产品冷链物流标准化运作,就农产品原料收集、加工、包装、冷冻运输、仓储等各环节作业标准进行制定,并依照标准严格监督农产品流通过程,保证农产品流通质量;三是要推进冷链物流设备与互联网平台对接,应用先进信息技术以优化冷链物流运输流程,提升物流效率。

第四节 实现农产品组织化经营

农产品生产主体与流通主体经营分散、个体规模较小、组织化程度低,是制约我国农产品生产与流通协调的重要原因。推进农产品组织化经营,有机整合农户、合作社、供销社、农业企业等市场主体,不断提升农产品生产与流通组织化经营水平,是实现农产品生产与流通协调的重要途径。实现农产品组织化经营,一是要为农产品组织化经营提供充足的人才支持;二是要提升农业经营主体的组织化水平,为农产品组织化经营提供实体组织支撑;三是要推进农业组织管理现代化以有效整合资源支持组织化经营。

一、加快职业农民培育,健全农业职业经理人管理体系

职业农民是实现农产品组织化经营的基础,农业职业经理人更是农产品组织化经营高质量发展的重要人才保障。要通过各种渠道,培育职业农

户。支持大学生村官、农业高校毕业生进入农业领域，转化为新型职业农民。加强教育培训，依托政府力量，协调农业科研院校、涉农企业，构建专家学者、农技推广人员互为补充的教学培训队伍，以推动传统农业经营者向现代新型职业农民转化。加快农业职业经理人培养，现代农业职业经理人是全面负责经营管理农业经营组织并获取报酬的职业化农业经营管理人才，不仅需要具有一定的生产技能，而且要具备敏锐的市场意识和商业头脑，熟悉政府政策及企业内部协调管理，是现代农业组织化经营中重要的管理人才。各级政府应规范农业职业经理人培训和选拔机制，对农业职业经理人实施实名登记，建设专门的农业职业经理人人才库，建设全方位农业职业经理人管理体系，保障农业职业经理人工资福利待遇，为农产品组织化经营提供人才支持。

二、培育新型经营主体，提升农业组织化水平

通过资金支持、政策扶持、服务支撑积极推进专业大户、家庭农场、农业合作社等农业新型经营主体培育，为农产品组织化经营提供实体组织支撑。农业新型经营主体培育资金支持方面，应推进政府、农业新型经营主体、金融机构三方协作，召开联席会议以保障资金支持的灵活性；推进农业经营主体依靠土地承包经营权、住房所有权等进行抵押贷款，提升农业经营主体资金来源灵活性。农业新型经营主体培育政策扶持方面，应整合各部门扶持政策，构建完善的政策扶持体系，出台提高农业组织化文件细则，降低行政费用，推进政府补贴向新型生产经营主体倾斜。完善农业新型经营主体社会化服务方面，巩固扩大现有农业社会化服务体系，在推进测土配方施肥、病虫害防治、机耕机种机收、产业链管理等现代化服务应用的基础上，进一步推动金融、信息、物流、品牌等农业服务发展。创新体制机制，加快推动农村新型集体经济、农村“三变”改革等重大改革事项，维护农村集体、承包农户、市场主体等权益，有效破解新型经营主体发展面临的体制机制障碍。

三、推进经营管理现代化，有效整合农业资源

农产品组织化经营需要进一步提升管理现代化水平。一方面，要积极引导现代生产要素向农产品生产与流通集聚，在优惠政策引导下，促进技术、资本、知识等先进生产要素向农业集聚，为农产品组织化经营提供要素支持。另一方面，推进农村土地流转，以强化土地要素集聚，从而加快推动农业标准化生产、区域化经营，依靠规模化经营以及机械化生产提升土地利用率。此外，应引导各参与主体改进农业组织经营管理理念，充分学习现代

企业管理经验，谋划提高农业组织化程度，以推进农业组织机构经营管理市场化。

第五节 加快农产品生产与流通数字化转型

农产品生产与流通协调需要主体间有效沟通以推动各环节信息有序衔接，为此需要加强农产品生产流通过程数字化转型，不断推进农产品生产流通各环节数字装备应用，打造数字化智能化平台，为农产品生产与流通协调提供有力保障。

一、强化顶层设计，加强制度规范

农产品生产与流通数字化转型是复杂的系统性工程，需要站在整个农业数字化转型的高度，强化整体顶层设计。一是要落实好《数字农业农村发展规划（2019—2025年）》提出的具体要求，为政策实施创造条件，在农业农村部牵头下协调各省市农业单位推进农业数字化转型，结合各地区发展实际确定与国家整体规划相配套的地区规划，根据农产品生产特征及流通过程特点确定农产品生产数字化发展规划及农产品流通数字化发展规划。各地区应当建立农产品生产与流通数字化转型考核监督机制，定期实施考核，保障农产品生产与流通数字化转型工作按时按质推进。二是要加大研判，汇集农业科研院校、涉农企业、农户等多方智慧以对农产品生产与流通数字化过程中可能出现的各种问题进行预先规划，借鉴现有行业数字化发展经验，制定风险防控方案，确保有效处置农产品生产与流通数字化转型过程所出现的各种问题。三是要推动相关制度规范动态化发展，在推进农产品生产与流通数字化发展过程中不断进行调研，不断总结农产品生产与流通数字化转型过程所出现的各种新问题，推进相关制度法规完善。

二、推进数字化装备应用，打造数字化智能平台

农产品生产与流通数字化转型，需要不断完善农产品生产与流通过程数字化基础设施，推进数字化装备应用。要不断加强农村光缆工程建设，推动农机装备专用传感器、农机导航和农机智能运营管理等关键装备技术应用，不断提升农产品生产数字化水平，提高农产品生产效率。积极推动农产品质量安全快速分析检测与冷链物流技术发展，加快农产品品质检测、农产品自动化分级包装线应用于农产品流通过程，不断提升农产品流通数字化、

智能化水平。加快建设农业大数据中心，积极推动农业政务数据共享开放和授权运营，引导农业领域政务数据和社会数据有效融合，推动农业统一物联网平台等建设，支撑海量硬件设备和软件系统等多源异构数据连接，着力破解农业领域“系统烟囱”“数据孤岛”等问题，助力打造互联互通数字化“神经网络”。加快构建农产品生产流通一体化数字智能平台，利用大数据分析、挖掘和可视化等技术，建立农产品生产与流通数据库，不断完善平台功能，提供核心共性技术和能力支撑，助力大数据智能化应用快速开发和集成创新，挖掘汇集农产品生产与流通过程各类信息，为市场预警、政策评估、监管执法、资源管理等决策提供支持服务，推进农产品生产与流通管理过程数字化水平提升。

三、强化数字化人才支撑，提升主体数字化素养

农产品生产与流通数字化转型需要强化人才支撑，不断提升农产品生产与流通主体数字化素养。一是鼓励相关单位和企业提升待遇、提高福利，积极吸纳具有数字化专业知识的高素质人才参与到农产品生产与流通过程，推进数字化收益分配制度改革，突出技术分红、股权激励等政策导向，使得人才以其知识受益。二是持续提升现有农产品生产与流通主体的数字化素养，要加强培训，积极引导现有主体主动学习数字化知识并推进组织数字化变革。三是协调涉农院校积极参与农产品生产与流通数字化转型实践，构建产学研用结合的数字化人才培育体系。

第六节　农产品生产与流通协调的保障体系

农产品生产与流通协调实现需要从定制化生产、在地化加工、网络化流通、组织化经营、数字化支撑等多方面着手，而诸多措施的落实需要金融、人才、科技、法律进行全面保障。下面就农产品生产与流通协调保障体系进行分析。

一、农产品生产与流通协调的金融支持

农产品生产与流通各环节发展都需要资金支持，各项措施的落实都离不开金融体系的支撑。为此，为推进农产品生产与流通协调，应当构建完善的金融支持体系。

第一，积极推进金融机构加大对农产品生产与流通各环节主体支持。以国有银行为主体，积极推动银行普惠金融产品服务在基层落地，对农产品

生产与流通各主体尤其是中小主体,提供经营性贷款及农户生产经营、创业担保等贷款。各类金融机构应当积极调整和优化信贷结构,增加支持农产品生产、加工、流通的信贷资金,并在农村基层一线构建贷款审批绿色通道,优化审批授信流程,缩短审批时间,提升工作效率。对于农产品生产与流通主体,要根据其经营情况及资金需求设计灵活信贷投放计划,科学设计放贷进度。

第二,保障农产品生产与流通过程融资。大力支持发展政策性融资担保和再担保机构,积极构建涵盖农产品供应链全链条的农业信贷担保体系,对于农产品经营主体融资发展予以支持,简化农产品主体融资担保流程。金融机构要在业务范围内适当扩大农产品生产与流通环节担保业务规模,不断完善农产品生产与流通融资风险分担机制,为农产品生产与流通主体融资增信。积极推进土地经营权、宅基地、厂房、存单质押等融资业务,为农产品生产与流通主体融资活动开辟新的渠道。进一步放宽入市审核,支持符合入市条件的农产品生产与流通企业上市融资、发行债券。

第三,提高农业保险保障水平。支持将农产品生产与流通过程主要环节风险进行充分考量,推动农业保险保障覆盖范围扩大。鼓励农业龙头企业资助订单农户参加农业保险。不断丰富农产品运输险种,减少运输过程风险。积极推动农产品高保障保险产品创新,推进"基本险+附加险"模式落实,以适应我国农产品生产与流通不同层次经营主体需求。推进农产品生产与流通保险由物质保险向收入、成本保险转变,提升农业主体经营保障能力。推进农产品保险与现代金融工具融合,推动"保险+期货""保险+期货期权""保险+涉农信贷"等合作模式落实。优化农业保险服务模式,推进农业保险由单一赔付向整体风险管理推进,应用现代科技提升农业保险服务,提高农业保险风险管理水平。

第四,完善农村金融基础设施建设。积极推动移动支付便民工程全面向乡村延伸,推进农产品生产与流通各环节主体应用现代移动支付;推动银行卡助农取款服务规范可持续发展,推进助农取款服务与农村信息化建设、农村电子商务发展相结合,提升农村金融服务网点价值;推动农村移动支付结算服务延伸,不断加强宣传教育,提升农户移动支付能力。推进农产品生产与流通过程信用体系建设,以政府与银行为主导,推进信任主体建设,积极推动主体电子信用档案建设,完善主体信用评价机制,推进农产品生产与流通过程信用、信贷联动。加强农产品生产与流通主体金融知识普及,提升农产品生产与流通主体金融风险意识及违法行为识别能力。

二、农产品生产与流通协调的人才支持

农产品生产与流通离不开各类人才支撑，人才是农产品生产与流通协调的必要资源支持，要从引进人才、培育人才、留住人才、用好人才四个方面为农产品生产与流通协调提供人才支持。

第一，完善人才引进机制。根据农产品生产与流通协调实践要求，明确人才需求，重点引进懂技术、市场、政策并熟悉农业农村实际的现代农业人才。一方面，积极推动人才走回来，利用乡土亲情、乡土环境等吸引外出人才返乡创业、就业。要从政府层面加强对返乡创业人员的服务和支持，不断提升教育、医疗等服务水平。要推进行政审批制度改革，简化行政手续，推动党政领导干部与返乡人才对接，具体解决返乡人才就业创业的各种问题。另一方面，通过不断提高薪资待遇，完善奖励制度，吸引人才参与农产品生产与流通。此外，要构建人才灵活流动渠道，推进企业、高校优秀人才返乡讲学、返乡合作，完善城乡合作联动机制，实现城乡人才资源共享。

第二，营造良好工作环境。在引进人才的基础上，还需要不断营造良好工作环境以更好地留住人才。通过解决人才用地住房、税费减免、子女教育、金融服务等问题以减轻人才压力，并推进知识入股、管理入股等方式提升人才工作待遇。抓好多渠道宣传，通过报纸、电视、广播、互联网等手段，在农产品生产与流通各环节营造尊重知识、尊重人才的良好风尚，提升人才荣誉感。持续改善乡村人居环境，加大农村基础设施建设，提升教育、医疗、文化、信息等现代服务供给，综合考虑人才工作生活需要，为现代人才在农产品生产与流通各环节实践创造良好环境，不断提高农业产业吸引力。

第三，构建人才培育体系。积极构建多层次、多领域的人才培育体系。一方面，重视高精尖人才培育，依托农业院校、科研单位培育掌握先进农业科学技术及现代市场经营管理的高端人才。另一方面，重视新型农民培育，结合农产品生产与流通实践，发挥企业作用，加强对传统从业人员的培训，提高其综合能力。在本地人才培育过程中，积极发挥财政作用，促进地区人才培养，充分利用各地农广校、农民夜校、乡镇成人学校开展学历教育培训。此外，还要推进农业专家下乡进行技术辅导和培训，为农产品生产与流通一线工作人员普及先进技术及最新成果。

第四，有效发挥人才作用。强化农产品生产与流通领域对人才能力的重视，要根据个人实绩及能力作为用人标准，有效调动人才工作积极性，将人才安排至重要岗位，充分发挥人才作用。农产品生产与流通各环节主体要为现代管理人才作用发挥提供条件，在企业经理任用、地方干部选举、村

两委选拔上向优秀人才倾斜，为发挥现代管理人才组织领导作用创造平台。对于专业技术人才，要根据其专业情况及产业发展特征，推动专业技术人才与岗位技术需求的精准对接。建立产业发展人才智库，通过项目合作等方式发挥产业外人才作用，使其为农产品生产与流通领域发展协调出谋划策。

三、农产品生产与流通协调的科技支持

农产品生产与流通协调需要进一步加大科技支撑，必须不断加强生物种质技术创新，加快推动农业机械化、信息化，推进农业生态环境改善，提高农产品质量安全。

第一，加强生物种质技术创新。农产品生产与流通协调的重要基础在于农产品生产品质的保障，农业生物种质是农业生产的重要基础，为此必须不断加强生物种质技术创新。开展农业种质资源（主要包括作物、畜禽、水产、农业微生物种质资源）全面普查，不断加大农作物种质资源普查与收集行动，加大珍稀、濒危、特有资源与特色地方品种收集力度，确保资源不丧失。此外，要积极开展种质资源表型与基因型精准鉴定评价，深度发掘优异种质、优异基因，构建分子指纹图谱库，强化育种创新基础，推动农业生物种质技术发展。

第二，加快推动农业机械化、信息化。农业机械化是农产品生产与流通效率提升的重要基础，是各项措施落实的重要支持。大力推动农业机械化发展，瞄准农产品生产与流通一线机械化需求，加快推进农机装备创新，根据农产品生产与流通发展实际需要研发各类农机。同时，要研发适应农产品加工流通需求的自动装卸设备、冷藏保鲜设备、机械加工设备，不断提升农产品生产与流通效率。农业信息化发展是农产品生产与流通协调的重要条件，信息是各措施落实过程中主体协调的必需资源。要推进农业信息化发展，推进农产品生产与流通物联网工程建设，推进光缆入村。加强教育培训和学习平台建设，提高农产品生产与流通主体信息素养。推进农产品供应链信息平台建设，推动农产品供应链主体沟通协调。积极促进物联网、大数据、移动互联网、智能控制、卫星定位、区块链等信息技术在农业生产与流通过程各类装备上的应用，推进农业机械化与信息化协调发展。

第三，推进农业生态环境改善。推进农业生态环境改善，是现代观念下农产品生产与流通协调的要求。要统筹兼顾自然资源和乡村原始形态，合理利用山水林田湖草，注重整体景观保护，统筹生产生活生态空间，把保留原生态村居风貌和引入现代元素结合起来，开展乡村特色风貌整治，让乡村看得见青山、见得到绿水、记得住乡愁。积极推动化肥农药减施增效技术、

农业废弃物循环利用技术、农业面源污染治理技术、重金属污染控制与治理技术、畜禽水产品安全绿色生产技术发展，推动生态农业发展，增加生态农产品供给。推进农产品低碳减污加工贮运技术、农产品智能化精深加工技术等绿色农产品物流技术发展，推进农产品流通过程生态化。积极改善农村人居环境，针对山区、丘陵和坪坝等不同自然地形特征，整合相关技术力量，开展农村环境整治关键技术、标准规范、工艺和装备、模式机制等集中攻关和研究，推广适合农村现有条件的低成本、低能耗、易维护、高效率的治理技术及设备产品，比如厕所粪污与生活污水协同处理、农业废弃物与生活有机垃圾协同处置等。推进现有农村污水处理设施提标改造，推动城镇污水管网向周边村庄延伸覆盖，加快农村污水管网、自来水系统、粪污处理站点等配套建设，推进支管网进村入户，提高农村地区环卫配套设施覆盖水平。

第四，加强农产品质量安全保障。农产品生产与流通协调各项措施作用的发挥都需要保障农产品质量安全，为此需要推动农产品质量安全保障技术发展。要积极开展农产品和农业投入品质量安全标准、检测、认证、评估科学数据收集、分析和数据库构建，开展农产品产地环境和农产品流通过程各种污染物和潜在危害因子的来源、分布情况调查，构建农产品生产与流通过程质量安全应急处置、风险预警机制及技术体系。要积极推动农产品生产与流通各环节产品质量安全快速检测技术，加快研发农产品质量和品质及营养功能成分识别评价鉴定技术，就农产品生产与流通各环节农产品质量安全检测设备及其技术标准进行集中研发。

四、农产品生产与流通协调的法律支持

加强农产品生产与流通法律体系建设，促进农产品生产与流通法律法规落实，为农产品生产与流通协调提供坚实的法律支撑。

第一，不断完善法律法规。农产品生产与流通各项措施的落实需要有严格的法律法规作为指导。农产品生产与流通领域法律法规不完善，对于农产品电子商务等新兴业态涉及不足，对现代农业生产与流通出现的新问题难以有效地进行规范，与农产品生产与流通发展现状不适应。为此，必须加强农产品生产与流通领域法律体系建设，汇集政府、院校、民众多方意见，根据农产品生产与流通现实，以农业可持续发展为导向，就农产品生产与流通各主体、各环节实际运作为基础，不断完善农产品生产与流通法律法规。

第二，加强行业制度设计。在加强农产品生产与流通领域法律法规建设的同时，还需要进一步完善行业准入制度、农业资源有偿使用制度、公众参与制度。农产品生产与流通协调离不开合适主体参与，要对农产品生产

与流通参与主体进行严格审核,建立准入标准,确保参与主体的技术发展、设施使用、人员素质能够符合要求。加强各类农业资源保护,建立农业资源有偿使用制度,在对土地、水等自然资源使用进行保障的基础上,将地区生态环境资源纳入有偿使用范围。推进农产品生产与流通公众参与制度建设,保障公众参与农产品生产与流通相关法律法规的立法、执法及处罚过程,推动农产品生产与流通过程的公众参与,发挥群众作用。

第三,加强执法能力建设。农产品生产与流通协调过程依赖于法律法规的完善,同时更依赖于执法过程的落实。在完善法律法规的同时,需要不断加强执法能力建设。建立农产品生产与流通过程中的专门执法机构,构建执法联动机制,组建专门机构,选取具备法律知识和熟识农产品生产与流通过程的专业执法人员负责专门执法,改善当前农业领域多头执法、条块分割、相互推诿的局面。严格执法奖惩制度,提升执法人员工作积极性,通过落实执法过程责任制度,建立责任追究程序,对农产品生产与流通执法失职行为进行追究。不断强化执法监督,推进农产品生产与流通协调过程执法信息公开透明。

第四,加强法律宣传教育。推动农产品生产与流通法律法规教育,根据主体特征因材施教。对于农产品生产与流通管理人员,不仅仅要加强其管理知识的学习,更需要推动其法律知识教育,使其了解相关法律规定,不断增强法规观念,使其重视经营过程中法律法规的贯彻落实。对于产业一般从业人员,要就其工作过程质量安全相关标准规则进行宣传,对相关奖惩措施进行普及,保障一线工作符合法规规范。此外,要加强消费者的法律观念培育,提高其维权意识,使其积极了解农产品生产与流通过程,参与农产品生产与流通过程监督,并主动通过法律途径维护自己的合法权益。

参 考 文 献

一、中 文 文 献

1. 陈阿兴、岳中刚:《试论农产品流通与农民组织化问题》,《农业经济问题》2003年第2期。

2. 陈淑祥:《中西方国家农产品流通比较》,《西部论坛》2006年第4期。

3. 陈祥碧、刘晓鹰:《长江上游少数民族地区农业产业化发展问题研究——以重庆石柱土家族自治县生态畜牧业为例》,《贵州民族研究》2015年第10期。

4. 程言清、黄祖辉:《农产品流通现状、问题及发展趋势》,《价格理论与实践》2002年第6期。

5. 崔卫华、胡玉坤:《中国农产品流通体系竞争力的时序变化与地区差异》,《财经问题研究》2016年第11期。

6. 邓宏图、李康、柳昕:《农业产业化中的"位势租":形成机制与利润分配》,《经济学动态》2018年第10期。

7. 丁声俊:《深化农产品流通体制改革的目标与思路》,《农业经济问题》1997年第7期。

8. 丁声俊:《完善产销结构是保持蔬菜价格合理水平的关键》,《价格理论与实践》2012年第4期。

9. 方志权、焦必方:《中日鲜活农产品流通体制若干问题比较研究》,《现代日本经济》2002年第5期。

10. 福井清一:《菲律宾蔬菜水果流通和顾客关系》(日文),《农林业问题研究》1995年。

11. 高进云、乔荣锋、张安录:《农地城市流转前后农户福利变化的模糊评价——基于森的可行能力理论》,《管理世界》2007年第6期。

12. 顾海英:《中日农产品流通体系的比较研究》,《世界农业》1997年第6期。

13. 郭晓鸣、廖祖君、付娆:《龙头企业带动型、中介组织联动型和合作社一体化三种农业产业化模式的比较——基于制度经济学视角的分析》,《中国农村经济》2007年第4期。

14. 韩喜艳:《基于流通"四流"的农产品流通服务体系优化》,《山东工商学院学报》2016年第1期。

15. 何小洲、刘丹:《电子商务视角下的农产品流通效率》,《西北农林科技大学学报(社会科学版)》2018年第1期。

16. 黄福华、周敏:《封闭供应链环境的绿色农产品共同物流模式研究》,《管理世界》2009 年第 10 期。

17. 霍红、臧旭:《“互联网+”时代下绿色农产品流通模式运作效率比较研究》,《江苏农业科学》2018 年第 7 期。

18. 纪良纲:《我国农产品流通主体结构改革的目标模式》,《财贸经济》1995 年第 9 期。

19. 焦红、蒋炳宇:《乡村人口转移与农业产业化发展》,《学术交流》2015 年第 11 期。

20. 柯柄生:《健全农产品市场体系,提高农产品流通效率》,《农村合作经济经营管理》2003 年第 2 期。

21. 赖斯芸、杜鹏飞、陈吉宁:《基于单元分析的非点源污染调查评估方法》,《清华大学学报(自然科学版)》2004 年第 9 期。

22. 李炳坤:《农产品流通体制改革与市场制度建设》,《中国农村经济》1999 年第 6 期。

23. 李春海:《制约农产品流通效率的制度瓶颈及其消减》,《财贸研究》2005 年第 3 期。

24. 李大胜、王广深、张光辉:《广东农产品流通的改革与发展》,《农业经济问题》2002 年第 3 期。

25. 李莲英、李崇光:《中国特色农产品流通现代化的主要问题与对策》,《中国流通经济》2012 年第 2 期。

26. 李伟:《农业产业化技术进步的机理与效应分析——以河北省为例》,《农村经济》2018 年第 8 期。

27. 李专、于爱淼:《中国农产品流通效率的实证分析》,《农业经济》2016 年第 8 期。

28. 刘东英:《农产品现代物流研究框架的试构建》,《中国农村经济》2005 年第 7 期。

29. 刘书艳:《农产品流通中存在问题及优化策略研究——基于新型城镇化建设背景》,《经济问题》2016 年第 5 期。

30. 刘玉、唐林楠、潘瑜春、唐秀美、任艳美:《京津冀地区县域农产品生产功能的时空格局及耦合特征》,《农业工程学报》2015 年第 16 期。

31. 刘子飞:《中国绿色农业发展历程、现状与预测》,《改革与战略》2016 年第 12 期。

32. 卢凌霄、周运恒:《农产品流通效率衡量的研究:一个文献综述》,《财贸研究》2008 年第 6 期。

33. 罗必良、王玉蓉、王京安:《农产品流通组织制度的效率决定:一个分析框架》,《农业经济问题》2000 年第 8 期。

34. 罗必良:《中国农产品流通体制改革的目标模式》,《经济理论与经济管理》2003 年第 4 期。

35. 罗小锋、袁青:《新型城镇化与农业技术进步的时空耦合关系》,《华南农业大学学报(社会科学版)》2017年第2期。

36. 吕宁:《我国农产品消费的现状与趋势分析》,《商业经济》2017年第12期。

37. 马晨、王东阳:《新零售时代电子商务推动农产品流通体系转型升级的机理研究及实施路径》,《科技管理研究》2019年第1期。

38. 马龙龙:《流通产业政策》,清华大学出版社2005年版。

39. 马龙龙:《以流通为突破口破解"三农"问题》,《中国合作经济》2010年第5期。

40. 孟菲、傅贤治:《美日农产品流通渠道模式比较及对中国的借鉴》,《中国农村经济》2007年第S1期。

41. 孟祥生、夏依忠:《绿色食品原料(茶叶)标准化生产基地建设模式研究》,《湖北农业科学》2009年第9期。

42. 倪学志:《我国绿色农产品有效供给研究》,《农业经济问题》2012年第4期。

43. 彭磊、孙开钊:《基于"农餐对接"的农产品流通创新模式研究》,《财贸经济》2010年第9期。

44. 乔平平:《我国农产品流通效率的制约因素及提升途径》,《商业经济研究》2016年第16期。

45. 茹永梅:《差异化流通模式的农产品流通效率对比分析》,《商业经济研究》2017年第2期。

46. 宋则、张弘:《中国流通现代化评价指标体系研究》,《商业时代》2003年第11期。

47. 宋则:《促进流通创新提高流通效能的政策研究》,《市场与电脑》2003年第1期。

48. 孙剑:《我国农产品流通效率测评与演进趋势——基于1998—2009年面板数据的实证分析》,《中国流通经济》2011年第5期。

49. 孙伟仁、张平、赵德海:《农产品流通产业供给侧结构性改革困境及对策》,《经济纵横》2018年第6期。

50. 孙冶方:《流通概论》,《财贸经济》1981年第1期。

51. 谭向勇:《北京市主要农产品流通效率研究》,中国物资出版社2008年版。

52. 唐华仓:《绿色农产品产业化生产组织的经济学分析》,《农村经济》2009年第8期。

53. 唐仁健、张文宝、黄延信:《农产品流通组织结构:现状分析与重建思路》,《中国农村经济》1992年第9期。

54. 唐学玉、张海鹏、李世平:《农业面源污染防控的经济价值——基于安全农产品生产户视角的支付意愿分析》,《中国农村经济》2012年第3期。

55. 汪旭辉、张其林:《电子商务破解生鲜农产品流通困局的内在机理——基于天猫生鲜与沱沱工社的双案例比较研究》,《中国软科学》2016年第2期。

56. 汪旭辉:《农产品流通体系现状与优化路径选择》,《改革》2008年第2期。

57. 王彬:《鲜活农产品流通模式与流通效率的实证研究》,江南大学博士学位论文,2008 年。

58. 王德胜:《绿色农业的发展现状与未来展望》,《中国农业资源与区划》2016 年第 2 期。

59. 王东霞、王照柱、张桂真:《发展绿色食品产业有效控制农业面源污染》,《中国食物与营养》2007 年第 12 期。

60. 王金河:《农产品流通供应链管理新模式探讨》,《农业经济》2008 年第 1 期。

61. 王娜、张磊:《农产品流通效率的评价与提升对策研究——基于流通产业链视角的一个分析框架》,《农村经济》2016 年第 4 期。

62. 王微微:《特色农产品互联网营销模式研究——以四川省为例》,《农村经济》2018 年第 10 期。

63. 王岳含:《我国农产品现代化流通模式构建》,《商业经济研究》2016 年第 17 期。

64. 王振颐:《生态资源富足区生态扶贫与农业产业化扶贫耦合研究》,《西北农林科技大学学报(社会科学版)》2012 年第 6 期。

65. 温思美、杨顺江:《论农业产业化进程中的农产品流通体制改革》,《农业经济问题》2000 年第 10 期。

66. 吴小庆、王亚平、何丽梅、陆根法:《基于 AHP 和 DEA 模型的农业生态效率评价——以无锡市为例》,《长江流域资源与环境》2012 年第 6 期。

67. 夏春玉:《流通概论》,东北财经大学出版社 2013 年版。

68. 肖蓉、卞立平:《基于农业产业链的农产品品牌建设模式研究》,《中国农业信息》2017 年第 22 期。

69. 肖为群、魏国辰:《发展农产品供应链合作关系》,《宏观经济管理》2010 年第 5 期。

70. 徐从才、唐成伟:《现代农产品流通体系的构建研究》,《商业经济与管理》2012 年第 4 期。

71. 徐振宇、梁佳、李冰倩:《我国城乡居民食用农产品消费需求弹性比较——基于 2003—2012 年省级面板数据》,《商业经济与管理》2016 年第 5 期。

72. 许军:《我国农产品流通面临的突出问题与应对思路》,《经济纵横》2013 年第 3 期。

73. 许文富:《台湾的农产价格政策与其对农业生产及农业收入之影响》,《农业经济问题》1992 年第 10 期。

74. 闫磊、刘震、朱文:《农业产业化对农民收入的影响分析》,《农村经济》2016 年第 2 期。

75. 杨芳、李兆华、赵泉、鲁敏、黄璐:《鄂西山区绿色农产品产业化开发探讨》,《中国人口·资源与环境》2010 年第 S1 期。

76. 杨浩雄、张丁、王浩:《订单农业合作中的利益共享研究——基于农产品价格波动与违约风险的分析》,《价格理论与实践》2019 年第 10 期。

77. 杨剑英:《生鲜农产品流通现状与对策探讨——以江苏省为例》,《农业经济》2009 年第 5 期。

78. 杨顺顺、宋春艳:《绿色农产品产业生态补偿主体的博弈分析》,《生态经济》2012 年第 6 期。

79. 杨宜苗、肖庆功:《不同流通渠道下农产品流通成本和效率比较研究——基于锦州市葡萄流通的案例分析》,《农业经济问题》2011 年第 2 期。

80. 姚今观:《农产品流通体制与价格制度改革的新构想》,《财贸经济》1996 年第 5 期。

81. 喻法金、陈丽琳:《湖北省绿色食品产业发展现状与对策》,《农产品质量与安全》2011 年第 1 期。

82. 曾欣龙、圣海忠、姜云、朱述斌:《中国农产品流通体制改革六十年回顾与展望》,《江西农业大学学报(社会科学版)》2011 年第 3 期。

83. 张闯、夏春玉:《农产品流通渠道:权力结构与组织体系的构建》,《农业经济问题》2005 年第 7 期。

84. 张雯丽、沈贵银、曹慧、徐雪高、王慧敏:《"十三五"时期我国重要农产品消费趋势、影响与对策》,《农业经济问题》2016 年第 3 期。

85. 张滢:《"家庭农场+合作社"的农业产业化经营新模式:制度特性、生发机制和效益分析》,《农村经济》2015 年第 6 期。

86. 张永强、张晓飞、刘慧宇:《我国农产品流通效率的测度指标及实证分析》,《农村经济》2017 年第 4 期。

87. 赵大伟、景爱萍、陈建梅:《中国农产品流通渠道变革动力机制与政策导向》,《农业经济问题》2019 年第 1 期。

88. 赵建欣、张忠根:《农户安全农产品生产决策影响因素分析》,《统计研究》2007 年第 11 期。

89. 赵剑:《以批发市场为中心的蔬菜物流发展模式研究——以四川彭州为例》,《农村经济》2010 年第 7 期。

90. 赵晓飞、田野:《农产品流通领域农民合作组织经济效应的动因与作用机理分析》,《财贸研究》2016 年第 1 期。

91. 郑琛誉、李先国、张新圣:《我国农产品现代流通体系构建存在的问题及对策》,《经济纵横》2018 年第 4 期。

92. 郑伟:《农产品流通体制研究》,《经济研究导刊》2017 年第 4 期。

93. 周丹、杨晓玉、姜鹏:《中国重要农产品流通现代化水平测度与实证研究——基于 2000—2014 年度省际面板数据》,《贵州财经大学学报》2016 年第 5 期。

94. 周洁红、幸家刚、虞轶俊:《农产品生产主体质量安全多重认证行为研究》,《浙江大学学报(人文社会科学版)》2015 年第 2 期。

95. 周力、龙子妍:《市场风险冲击下的契约稳定性分析——基于农业产业化龙头企业隐性违约的视角》,《财经研究》2019 年第 10 期。

96. 周强:《论我国农产品流通支撑体系存在的问题及其对策》,《北京交通大学学报(社会科学版)》2015 年第 2 期。

97. 周兆生:《流通型农业合作社的交易效率分析》,《中国农村观察》1999 年第 3 期。

二、英文文献

1. Alderson Wroe, *Marketing Behavior and Executive Aciton*, Homewood, 1957.

2. Ari-Pekka Hameri, Johannes Palsson, "Supply Chain Management in the Fishing Industry: The Case of Iceland", *International Journal of Logistics Research and Applications*, No. 3, 2003.

3. Bain J.S., *Industrial Organization*, New York: John Wiley & Sons, 1968.

4. Bignebat C., Koc A.A., Lemeilleur S., "Linking Small Producers to Supermarkets? The Role of Intermediaries on the Fresh Fruit and Vegetable Market in Turkey", *Canterbury: European Association of Agricultural Economists*, 2009.

5. Breyer Ralpph F., *The Marketing Institution*, New York: Mc Graw-Hill, 1924.

6. Chahal S.S., Singh S., Sandhu J.S., "Price Spreads and Marketing Efficiency of Inland Fish in Punjab: A Temporal Analysis", *India Journal of Agricultutal Economic*, No. 3, 2004.

7. Clark F. E., "Critetia of Marketing Efficiency", *The American Ecnomic Review*, No. 2, 1921.

8. Cranfield J., Henson S., Holliday J., "The Motives, Benefits and Problems of Conversion to Organic Production", *Agriculture and Human Values*, No. 3, 2010.

9. Farrell M.J., "The Measurement of Economic Efficiency", *Journal of the Royal Statistical Society*, No. 3, 1957.

10. Fearne A. P., Hughes D., "Success Factors in the Fresh Produce Supply Chain: Insights from the UK", *Supply Chain Management*, No. 3, 1999.

11. Ghezan G., "Impact of Supermarkets and Fast-food Chains on Horticulture Supply Chains in Argentina", *Development Policy Review*, No. 4, 2002.

12. Hadjikhani A., Thilenius P., "The Impact of Horizontal and Vertical Connections on Relationships' Commitment and Trust", *The Journal of Business and Industrial Marketing*, No. 3, 2005.

13. Heide Jan, John George, "Do Norms Matter in Marketing Relationships?", *Journal of Marketing*, No. 2, 1992.

14. Hellin J., Lundy M., Meijer M., "Farmer Organization, Collective Action and Market Access in Meso-America", *Food Policy*, No. 1, 2009.

15. Henson S., Holt G., "Exploting Incentives for the Adoption of Food Safety Controls: HACCP Implementation in the U. K. Dairy Sector", *Review of Agrecultural Economics*, No. 2, 2000.

16. Herath D., Hassan Z., Henson S., "Adoption of Food Safety and Quality Controls: Do Firm Characteristics Matter? Evidence from the Canadian Food Processing Sector", *Canadian Journal of Agricultural Economics*, No. 3, 2007.

17. Jane L.Collins, "New Directions in Commodity Chain Analysis of Global Development Processes", *Research in Rural Sociology and Development*, No. 11, 2005.

18. Jayasinghe M. U., Henson S., "Identifying Economic Incentives for Canadian Red Meat and Poultry Processing Enterprises to Adopt Enhanced Food Safety Controls", *Food Control*, No. 11, 2007.

19. Kenneth H.Wathae, Jan B.Heide, "Relationship Governance in a Supply Chain Network", *Journal of Marketing*, No. 1, 2004.

20. Kumar R., Hussian N., "Marketing Efficiency and Price Spread in Marketing of Gram (Chickpea): A Study of Hamirpur District, UP", *India Jouranl of Agricultural Economics*, No. 3, 1998.

21. Ouden M., Dijkhuizen A.A., et al., "Vertical Cooperation in Agricultural Production-Marketing Chains, with Special Reference to Product Differentiation in Pork", *Agribusiness*, No. 3, 1996.

22. Reardon T., Berdegue J.A., "The Rapid Rise of Supermarkets in Latin America: Challenges and Opportunities for Development", *Development Policy Review*, No. 4, 2002.

23. Rose G.M., Shoham A., "Inter-organizational Task and Emotional Conflict with International Channels of Distribution", *Journal of Business Research*, No. 9, 2004.

24. Stanley E., Fawcett, M.Bixby Cooper, "Logistics Performance Measurement and Customer Success", *Industrial Marketing Management*, No. 4, 1998.

25. Stern L.W., EI-Ansary A.I., *Marketing Channels*, New Jersey: Prentice-Hall, 1977.

26. Stern Louis W., *Distribution Channels: Behavioral Dimensions*, Boston: Houghton Mifflin Company, 1969.

27. Tone K., "A Slacks-based Measure of Efficiency in Data Envelopment Analysis", *European Journal of Operational Research*, No. 3, 2001.

28. Weld Louis D.H., *The Marketing of Farm Products*, New York: The Macmi Han Company, 1916.